Ada Colau

Adrià Alemany

¡Sí se puede!

imago mundi

Ada Colau
Adrià Alemany

¡Sí se puede!

Crónica de una pequeña gran victoria

Ediciones Destino Colección Imago Mundi Volumen 248

Diagonal, 662-664. 08034 Barcelona
www.edestino.es
www.planetadelibros.com

Primera edición: abril de 2013

ISBN: 978-84-233-4690-5
Depósito legal: B. 10.674-2013
Impreso por Huertas Industrias Gráficas
Impreso en España-*Printed in Spain*

El papel utilizado para la impresión de este libro es cien por cien libre de cloro y
está calificado como papel ecológico.

No podemos saber si ganaremos o no esta batalla. Pero si algo tenemos claro es que hemos llegado muy lejos, demasiado lejos, como para bajar los brazos. Así que a empujar con fuerza, más que nunca, llenemos las calles de primavera verde, porque Goliat está contra las cuerdas.

Nosotros, la gente, los ciudadanos de a pie, las personas corrientes, no tenemos sus medios para comprar titulares. Pero tenemos una cosa que ellos no tienen. Quizá el arma más poderosa de todas. Contra el juego sucio y las cloacas del sistema, la fuerza de la razón y del corazón.

Dedicado a esta gran familia que forman las PAH y a todas las personas que aportan su tiempo desinteresadamente y lo mejor de ellas mismas en defensa del derecho a la vivienda y la justicia social. Dedicado a todas las personas que sueñan con una democracia real.
¡Porque sí se puede!

Carta de Ada Colau al presidente del Gobierno, Mariano Rajoy

Señor Mariano Rajoy. Señores diputados y diputadas del PP, miembros del Gobierno de España. Les escribe Ada Colau, pero esta vez no como portavoz de la Plataforma de Afectados por la Hipoteca (PAH), sino como una ciudadana cualquiera.

Estos últimos días han sido intensos. La señora delegada del Gobierno en Madrid, Cristina Cifuentes, y otros miembros del Gobierno y de su partido, así como algunos medios de comunicación, han lanzado graves acusaciones contra mi persona. Se han dicho muchas mentiras o medias verdades deformadas: que si era filoterrorista, que si era simpatizante de no sé qué, que si estaba condenada en juicios inexistentes, que si era antisistema por acciones pacíficas varias, que si estaba subvencionada con millones de euros... Es igual. Los abogados me dicen que debo denunciar, y en algunos casos graves lo haré, pero no vale la pena perder tiempo respondiendo a la difamación. Sin embargo, se han acumulado algunos malentendidos de fondo que creo oportuno aclarar.

En primer lugar, ustedes no han entendido el movimiento de la PAH. Dejen que les cuente. La PAH es un movimiento ciudadano en el que participan miles de personas, la mayoría afectadas, algunas otras solidarias, todas movilizadas por la defensa del derecho a la vivienda. Es un movimiento apartidista, muy plural y transversal, en el que personas muy distintas hemos coincidido movidas por la indignación frente al abuso de las entidades financieras y la complicidad que éstas han encontrado tanto en su Gobierno como en el anterior. Por ello les digo que sus acusaciones de que el PSOE mueve los hilos de la PAH son ridículas y demuestran un desconocimiento de la realidad preocupante. Deberían venir a nuestras reuniones y comprobarlo. En ellas encontrarán votantes de todos los partidos y abstencionistas; clases medias y bajas; inmigrantes y autóctonos; jóvenes y mayores... Vamos, la ciudadanía en general.

En segundo lugar, la PAH no tiene ni necesita *lideresas*. Parece que ustedes se han empecinado en buscar cabecillas a los que poder decapitar, como forma rápida de acabar con una protesta que a las entidades financieras, y ahora parece que también a ustedes, les resulta molesta. Yo no soy nadie importante ni especialmente brillante. Soy en estos instantes una portavoz, pero como yo hay miles de personas tanto o más implicadas. Ésa es la fuerza del colectivo: somos un movimiento profundamente democrático, que apuesta por la descentralización y el protagonismo de todas y cada una de las personas que en él participan. Ése es uno de los ingredientes secretos que explican que en los momentos más difíciles las personas saquen lo mejor de sí mismas. El empoderamiento y la solidaridad nos hacen imparables.

Y, finalmente, hablemos de los escraches. Les molesta que podamos ir a protestar frente a su casa. Lo entiendo. A mí tampoco me gustaría. Pero si alguna vez hubieran acudido a un desahucio, entenderían que se trata de algo infinitamente más molesto. Hay miles de personas en una situación límite, en la calle y con deudas, en paro, sin tener qué comer... Y todo ello a pesar de que viven rodeadas de abundancia. Miles de familias viven en la calle en el país de Europa que más viviendas vacías acumula. Pasan hambre en un Estado que permite que cada día se tiren toneladas de alimentos en buenas condiciones. Y ustedes gobiernan ese país, por lo que no debería sorprenderles que esas familias llamen a su puerta después de haber intentado en vano llamar su atención.

Este movimiento, absolutamente ejemplar, ha agotado todas las vías que la insuficiente democracia española ofrecía: durante más de cuatro años hemos intentado negociar con las entidades financieras, hemos hablado con los partidos políticos, con servicios sociales, ayuntamientos... Hemos puesto recursos en los juzgados y hemos recogido como hormiguitas casi un millón y medio de firmas. Pero nada, el Partido Popular no se ha movido ni un milímetro y anuncia que rechazará las medidas de la Iniciativa Legislativa Popular.

Qué casualidad. Justo en el momento en que la PAH cuenta con más apoyo social (entre el 80 por ciento y el 90 por ciento, según todas las encuestas). Cuando ya se han entregado el millón y medio de firmas de la ILP. Cuando la presión social les ha obligado a admitir a trámite esa ILP que no pensaban ni debatir. Cuando llega una sentencia europea que da la razón a las personas afectadas y dice que las miles de ejecuciones hipotecarias y desahucios que se han producido los últimos años en España son ilegales. Justo en este momento, cuando parecería que ya nada más puede retrasar la necesaria reforma legislativa, ustedes nos salen con una campaña de criminalización como única respuesta. En lugar de escuchar el clamor popular, intentan generar confusión llegando a comparar nuestras acciones pacíficas con el terrorismo de ETA o la Alemania nazi. Hay que ser mala gente para decir algo así.

Recuerden que en este tema de los desahucios de momento los únicos domicilios violados y los únicos muertos los ha puesto la población. No sus señorías, que hasta la fecha se han limitado a mirar desde lejos, y desde la comodidad, un drama que podrían haber evitado si hubieran actuado donde les compete, en el Congreso. Por supuesto que la ciudadanía no es tonta y en seguida ha visto que en toda esta campaña de difamación no se buscaba más que hacer ruido para desviar la atención. De modo que no les va a funcionar. La realidad es tozuda y miles de personas estafadas y desahuciadas no van a desaparecer por mucho que su Gobierno las ignore.

Dejen que termine usando el paralelismo con la Alemania nazi al que ustedes recurren con tanta ligereza. Si bien la gravedad no es comparable, en ambos casos estamos hablando de situaciones de vulneraciones sistemáticas de derechos humanos. En España, afortunadamente, no estamos frente a campos de concentración, deportaciones ni asesinatos masivos. Pero sí tenemos violentos desalojos y miles de personas empobrecidas que ven comprometidas sus necesidades básicas, y condenadas de por vida a la exclusión social y la economía sumergida. Y todo para mantener los privilegios y los beneficios astronómicos de las élites financieras.

Décadas después del nazismo, la sociedad alemana aún no se ha perdonado a sí misma el no haber sabido reaccionar a tiempo para evitar la barbarie. Pues bien, en España miles de ciudadanas y ciudadanos hemos decidido que en el futuro queremos poder mirarnos al espejo. Una democracia que permite la vulneración sistemática de derechos humanos, e incluso la promueve, no es democracia, por mucho que se vote cada cuatro años. Democracia será cuando el interés general se anteponga a los dictados de los mercados. Cuando nada sea más importante que la vida y la dignidad de las personas.

Señor presidente, nunca es tarde para rectificar. No teman los escraches, no teman a la población. Bajen a la calle y hablen con la gente. Hagan justicia y detengan los desahucios. Hay vidas en juego que no pueden esperar más.

Barcelona, 8 de abril de 2013

1

Un procedimiento criminal

Las ejecuciones hipotecarias y los desahucios por impago de hipotecas son sin lugar a dudas una de las caras más dramáticas de la crisis en España. Una auténtica lacra que genera una enorme alarma social. Una sangría que ya se ha cobrado la vida de varias personas y que ha situado a nuestro país en el punto de mira de la prensa internacional. Desde hace años, la voz organizada de las personas afectadas viene advirtiendo de las consecuencias de un procedimiento que ya se ha llevado por delante a más de 400.000 familias. El marco legal que regula los impagos de hipotecas condena a familias insolventes a la exclusión social y las deja sin margen para rehacer sus vidas ni horizonte alguno de recuperación. Una advertencia que ha sido ignorada de manera reiterada por los sucesivos Gobiernos del PSOE y del PP. La política coincidente de ambos partidos en materia financiera y de vivienda está provocando una de las situaciones de emergencia social más dramáticas de las últimas décadas.

En un país con seis millones de parados y en el que la vivienda es el principal gasto de los hogares, son miles las familias que ya han sufrido o se encuentran ahora mismo en un proceso de ejecución y desahucio. Pero más allá de los procedimientos judiciales, los afectados por la estafa hipotecaria y la violencia bancaria somos toda la ciudadanía. En primer lugar, porque hablamos de un problema que afecta a casi todo el mundo: jóvenes y ancianos, clase baja y clase media, emigrantes y autóctonos, asalariados y autónomos... En segundo lugar, porque quizás tú aún puedes pagar la hipoteca, pero no es el caso de alguno de tus familiares, amigos o vecinos. Además, quién te dice que mañana no podría pasarte a ti también. Por último, quizás seas de las pocas personas que no se hipotecó, como es el caso de quien escribe estas líneas, pero todos estamos sufriendo recortes generalizados de derechos básicos por culpa de la mala praxis bancaria. Que España tenga una crisis mucho más acusada que cualquier otro país occidental sin duda está directamente relacionado con la mala gestión del crédito hipotecario y la burbuja inmobiliaria. Así que todos somos Afectados por la Hipoteca porque todos somos víctimas de una ley, una banca y unas políticas que se han revelado de efectos criminales.

La muerte civil

El procedimiento de ejecución hipotecaria se alza como una auténtica apisonadora. En el instante en que el titular de una hipoteca deja de abonar la cuota íntegra de una sola mensualidad, el acreedor puede interponer una demanda en el juzgado que inicia el procedimiento. Se trata de un proceso ejecutivo donde el juez no juzga sino que ejerce de autómata sin posibilidad alguna de entrar a valorar las causas que motivan el impago. Da igual si te has quedado en el paro, si estás enfermo o si tienes hijos. En España, a diferencia de lo que ocurre en otros países y de lo que imagina la gente cuando firma el contrato, el préstamo hipotecario recae sobre la persona y no sobre la vivienda, que actúa como una más, no la única, garantía del préstamo.

De esta manera, cuando se deja de pagar, el juez fija una fecha para la subasta, y si ésta queda desierta, que es lo que ocurre en más del 90 por ciento de los casos, el banco se adjudica el inmueble por el 60 por ciento del valor de tasación. La diferencia entre la deuda pendiente y el precio por el que el banco se adjudica el inmueble, más las costas judiciales del proceso y los intereses de demora, es una cantidad que continúas debiendo al banco. Así que te quedas sin casa y con una deuda de por vida que no para de crecer, puesto que genera nuevos intereses. Para que el banco pueda cobrarse esa deuda liquidarán todo el patrimonio de que dispongas. Si no es suficiente procederán a embargarte una parte de tu nómina hasta que satisfagas el total pendiente. Una deuda que, a diferencia de los delitos por corrupción o malversación de fondos públicos, no prescribe nunca. Continuarás trabajando para pagar al banco. Pero esta vez a cambio de nada. Si tus padres, tus suegros o tus hermanos figuran como avalistas en el contrato de la hipoteca, esta pesadilla también los arrastrará. Una ejecución hipotecaria se puede llevar una, dos y hasta tres casas por delante. Dos y hasta tres familias que saltan por los aires. Ante el dilema de pagar al banco o dar de comer a los hijos muchas familias optan por trabajar en negro y sin contrato, lo que los condena a vivir como proscritos.

Al responder del préstamo hipotecario con todos tus bienes presentes y futuros, jamás podrás volver a tener nada a tu nombre. Y aquí no acaba todo. Como formalmente todavía debes dinero al banco, tus datos aparecen en el registro público de morosos. Continúas siendo un número. Pero está vez un número en rojo. Lo que significa que no eres un sujeto de crédito. Te has convertido en un presunto culpable, eternamente sospechoso. No eres de fiar y esta condición complica y mucho el día a día. Subsistir se vuelve un reto: no podrás ser titular ni propietario de ningún bien, no podrás contratar una línea telefónica, ni comprarte una simple lavadora a plazos, difícilmente alguien te alquilará un piso e incluso tendrás problemas para percibir algunas prestaciones públicas. Es la muerte civil.

El mensaje es claro y unívoco. Por haber firmado un contrato para acceder a una necesidad básica, reconocida como derecho fundamental en la Declaración Universal de los Derechos Humanos y recogida en el artículo 47 de la Constitución española, tú y tu familia estáis condenados a malvivir en los márgenes de la sociedad. El sistema te expulsa. Te rechaza. Sólo está dispuesto a darte una segunda oportunidad en la medida en que pueda seguir exprimiéndote. En definitiva, nos encontramos ni más ni menos que ante una versión contemporánea de la esclavitud. Hagas lo que hagas no te podrás recuperar.

La ley que rige este proceso data de hace más de un siglo, de 1909. Se trata de una ley de inspiración medieval, y como tal expresa una relación de fuerzas desigual entre las partes. Una relación de vasallaje. Una ley bárbara propia de un país poco civilizado, aprobada en un momento en que las conquistas del Estado de bienestar eran casi una utopía y cuando las instituciones democráticas, en España, eran de una debilidad manifiesta. Pero que, además, cuando décadas más tarde fue ampliada y actualizada, aún introdujo cambios a peor. Por ello afirmamos con rotundidad que estamos ante una ley criminal. Como criminales son los que sacan beneficio de ella. Como criminales son los que la amparan y la protegen.

Banca criminal

En este contexto es importante destacar la responsabilidad y el papel que han jugado las entidades financieras durante la burbuja inmobiliaria. Presionaron a los Gobiernos para desregular el mercado hipotecario con la excusa de que flexibilizando el crédito se facilitaba el acceso a la vivienda. Diseñaron un sistema de incentivos que premiaba a los comerciales de la banca que colocaban más hipotecas en el mercado. A más hipotecas concedidas, más bonos y primas se llevaban. De este modo se hincharon tasaciones, se incitó a los clientes a endeudarse, se falsearon nóminas, se firmaron contratos plagados de cláusulas abusivas, de avales cruzados... Todo eran facilidades, alfombras rojas y atención individualizada. El director de la oficina no te hacía esperar y te atendía en su despacho con una sonrisa de oreja a oreja. Todo eran oportunidades. Te convencían de lo absurdo de pagar un alquiler si por el mismo precio podías tener tu propia casa. Un hogar estable para ti y para tu familia, del que nunca os podrían echar. Te recordaban que era el mejor momento para comprar y que había que aprovechar que los intereses estaban por los suelos. Si tenías cualquier problema el banco te ayudaría. No debías preocuparte. En última instancia siempre podrías venderte la casa e incluso ganarte un dinero, porque la vivienda nunca baja de precio. En ningún momento se informó de las consecuencias que podía acarrear un impago. Seguramente ni el comercial de turno, ni tan siquiera el director de oficina, eran conscientes del riesgo que podía conllevar. Entre otras razones porque algunas de las consecuencias del impago ni tan siquiera aparecían especificadas en el contrato.

De repente estalla la crisis y la gente pierde el empleo. Con la merma de ingresos la primera factura que no puedes afrontar es la letra de la hipoteca. Entonces vas al banco y les cuentas tu situación. Ya no te reciben con una sonrisa, ni en la oficina del director. Éste pasa por tu lado, pero ni tan siquiera te saluda. Intentas que te alarguen los plazos, o te rebajen la cuota por un tiempo, hasta que la situación mejore y encuentres trabajo. En el mejor de los casos te ofrecen una refinanciación. Más deuda. Sumidos en una depresión económica sin parangón y sin atisbos de recuperación, una refinanciación significa pan para hoy y hambre para mañana. De golpe ya no eres un cliente. Te has convertido en un moroso. Las visitas al banco se hacen más frecuentes. Su actitud cada vez más grosera e insensible. Empiezas a recibir llamadas telefónicas a todas horas y cartas en el buzón requiriendo los pagos atrasados. Te someten a una presión creciente. Un hostigamiento que te hace la vida imposible. Te hacen esperar horas sentado. Te ningunean. Cada día más angustiado, no duermes por las noches. Las discusiones en casa se convierten en casi cotidianas. En el banco también se ponen cada vez más nerviosos. Quieren cobrar. Tú quieres pagar, pero tienes que elegir entre pagar al banco o dar de comer a tus hijos. Te acercas de nuevo para hablar con el director de la oficina. Quieres negociar, buscar una solución. El banco te amenaza. O pagas o te llevamos a juicio. Vas a perder la casa, te vas a quedar con una deuda de por vida. Si tus padres, tus suegros o tus hermanos te avalaron, te recuerdan que irán a por ellos. Te mienten y te dicen que esa deuda la heredarán tus hijos. Te asustan diciendo que si no pagas vendrá la policía en cualquier momento y te sacará de casa. Acosado por los bancos, moralmente abatido y desarmado jurídicamente ante un procedimiento que te empuja a la miseria, no es de extrañar que la mayoría de personas que han pasado por esta situación hayan pensado en algún momento en el suicidio.

Quienes escribimos este libro no hemos pasado por esta experiencia traumática en primera persona. Afortunadamente. Pero, igual que muchos otros compañeros, hemos escuchado relatos similares, casi calcados entre sí, una y mil veces. Una experiencia de acoso y humillación a la población a la que esperamos no acostumbrarnos jamás, porque dejaríamos de ser humanos. Son las vivencias de las personas que han acudido a las reuniones de la Plataforma de Afectados por la Hipoteca (PAH) a lo largo de más de cuatro años.

En el Congreso: política en estado puro

Con ese bagaje a nuestras espaldas, acudimos el 5 de febrero de 2013 al Congreso de los Diputados. Nos habían citado a comparecer ante la Comisión de Economía, en el marco de la tramitación del Proyecto de ley de medidas urgentes para reforzar la protección a los deudores hipotecarios. No estábamos nerviosos ni habíamos preparado especialmente la intervención, puesto que se trataba de volver a repetir lo que llevamos años denunciando y proponiendo. Sin embargo, algo precipitó inesperadamente los acontecimientos: llegamos con antelación y eso nos brindó la oportunidad de escuchar, desde la misma sala, al compareciente anterior, el vicesecretario general de la Asociación Española de la Banca (AEB), Javier Rodríguez Pellitero. Este portavoz de la patronal bancaria ensalzó la actitud de las entidades financieras, afirmó que su comportamiento era ejemplar y aseguró que hacían lo imposible por resolver todos los casos, incluso paralizando los desahucios, y concluyó su disertación calificando la ley hipotecaria española como una de las mejores del mundo.

Era de esperar que tales palabras encendieran los ánimos. Nuestra reacción fue natural e intuitiva. Habría que estar muy lejos de la realidad para no indignarse ante tanta mentira y ofensa a las miles de personas afectadas. Así que al llegar nuestro turno de intervención, y antes de entrar en la valoración de la reforma legislativa, pronunciamos unas palabras que más tarde tendrían gran repercusión.

«Decir esto [Rodríguez Pellitero acababa de calificar de «estupenda» la legislación hipotecaria española] cuando hay personas que se están quitando la vida como consecuencia de esta criminal ley, les aseguro... Les aseguro que no le he tirado un zapato a este señor porque creí que era importante quedarme aquí para decirles lo que les estoy diciendo. Pero este señor es un criminal y como tal deberían ustedes tratarlo». (Ada Colau, en nombre de la PAH, durante su intervención en el Congreso)

Quién iba a imaginar que estas palabras saldrían más allá de la anodina sala del Congreso. Sin duda el papel de las redes sociales fue clave para la difusión de una comparecencia que habían fijado de manera intencionada a las ocho de la tarde. Una hora que a nadie se lc escapa es pésima para la repercusión en los medios, puesto que las redacciones dan la edición por cerrada. Cuando nos llamaron días antes para citarnos, no nos dieron opción: martes 5 de febrero a las 20 horas. Les hicimos notar que nos teníamos que desplazar desde Barcelona y que a esa hora nos sería imposible regresar el mismo día, por lo que el Congreso se vería obligado a cubrir los gastos de alojamiento. En cualquier horario de las otras cinco comparecencias previstas para ese martes y el miércoles siguiente habríamos podido ir y volver sin problema. Nada que hacer: todos los horarios estaban ya cedidos y a nosotros nos quedaba el peor.

En el Congreso debieron pensar que todo esto pasaría sin pena ni gloria —un ejemplo más que de la brecha digital que existe entre muchos de los diputados y buena parte de la ciudadanía—, pero aesa hora, las ocho de la tarde, las redes sociales echaban humo. Esa noche el enlace al Canal Parlamento circulaba de tuit en tuit. Aunque no se emitiese en *prime time* la gente no quería perderse la intervención de la PAH en el Congreso. El portal del Parlamento cayó varias veces por el volumen de usuarios que intentaban conectarse. Una vez hubo terminado la comparecencia, no había otro tema en las redes. Los usuarios buscaban el vídeo completo, casi una hora de exposición, para escucharlo de nuevo y enlazarlo. Una vez subido a YouTube el video empezó a circular viralmente. Fue *trending topic* durante más de 48 horas.

Y de las redes saltó a los medios de comunicación. Durante los días siguientes prácticamente no se habló de otra cosa. Se sucedieron acalorados debates en programas y tertulias de televisión y radio, azuzados sobre todo por determinados sectores de la prensa conservadora. Una prensa habituada sin duda a escuchar el lenguaje gastado, vacío y políticamente correcto que utilizan la mayoría de nuestros representantes políticos. Un lenguaje que a menudo se utiliza para ensordecer más que para comunicar. Que vuelve complicado lo obvio. Que esconde más que enseña. Un lenguaje que a menudo se viste de tecnicismos para esconder la falta de valentía y compromiso político. Lleno de eufemismos y de lugares comunes. Lejos de la calle y de los conflictos y problemas que habitan en ella.

Nuestras palabras también irritaron a algunos de los diputados allí presentes. Entre ellos al propio presidente de la comisión, el popular Santiago Lanzuela. Visiblemente incómodo, no paró de remover papeles, agitar los brazos, reclinarse hacia atrás, echarse de nuevo hacia delante y beber agua de manera compulsiva a lo largo de toda la comparecencia. Al finalizar la exposición, pidió el turno de palabra para amonestarnos y pedirnos con tono intimidatorio y actitud paternalista que retirásemos los términos empleados para referirnos al representante de la banca. No quería que constasen en acta. Ante nuestra negativa continuó aleccionando sobre ética y modales, y amenazó con suspender la sesión si se repetía el episodio. Y es que, como dice el profesor Joaquim Sempere, la conducta autoritaria es servil con los de arriba y prepotente con los de abajo.

No todos los diputados actuaron por igual. En concreto, Joan Coscubiela, de ICV, llamó la atención al presidente de la mesa por lo que consideró un trato desigual y fuera de lugar a la comparecencia de la PAH. Dejó claro que el presidente no le representaba y que su grupo no pedía ninguna rectificación. A esa misma hora, en Barcelona, el local donde se reúne la PAH estaba lleno de gente. Proyectado sobre una pared, y como si de un partido de fútbol se tratara, los compañeros seguían con intensidad el directo. Política en estado puro. Vidas en juego. Silencio y emoción contenida. Tan lejos, tan cerca. Cuando acabó el turno de la comparecencia y Santiago Lanzuela nos exigía en el Congreso que rectificáramos, decenas de activistas de la PAH en Barcelona saltaron de las sillas y gritaron: «¡No lo hagas! ¡No lo retires!». Miles de personas pensamos y sentimos lo mismo al mismo tiempo y con la misma intensidad.

Expertos: una coartada para eludir el control democrático

Hay que recordar que Rodríguez Pellitero asistía en la Comisión de Economía del Congreso en calidad de experto y a petición del grupo parlamentario del Partido Popular. Y es que la etiqueta de experto es un recurso estratégico que utilizan a menudo algunos partidos políticos para alejar el debate de la arena política y escapar así del control de la ciudadanía.

> «Hay que cuestionar las voces de supuestos expertos a los que precisamente se está dando hoy demasiado crédito, valga la ironía, como por ejemplo los representantes de las entidades financieras... Ellos han causado este problema; son esta misma gente la que ha arruinado la economía entera de este país... Y ustedes les siguen calificando de expertos.» (Ada Colau, en nombre de la PAH, durante su intervención en el Congreso)

Ironías del destino, el Grupo Popular prefirió incluir al vicesecretario general de la AEB en la ronda de declaraciones durante la tramitación de la ley de desahucios, en lugar de al magistrado José María Fernández Seijó, uno de los jueces que lleva más años estudiando la problemática legislación hipotecaria. El mismo que, al estimar que la ley hipotecaria podía vulnerar la normativa comunitaria en materia de derechos del consumidor, trasladó la cuestión al Tribunal de Luxemburgo. Más tarde, el 14 de marzo de 2013, el Tribunal de Justicia Europeo acabó dictaminando que la ley era abusiva e ilegal, y dio la razón así al magistrado que el Partido Popular no quiso escuchar. La sentencia, recibida con entusiasmo por el conjunto de la ciudadanía, supone un espaldarazo a los cuatro años de denuncias y propuestas de los afectados. Durante años se ha impartido injusticia en los tribunales y se ha aplicado una ley criminal que ha arruinado la vida de miles de familias.

Tampoco compareció el juez Guillem Soler, quien, sin fortuna, elevó en septiembre de 2010 la ley hipotecaria al Tribunal Constitucional al entender que el procedimiento existente vulneraba la tutela judicial efectiva, es decir el derecho de las personas a defenderse ante un proceso judicial. Él también tuvo que esperar a que Europa le diera la razón.

La lista podría ser muy larga. Y es que efectivamente habría que poner en entredicho la voz de muchos supuestos expertos que han venido asesorando y guiando a los Gobiernos hasta la fecha. No cuestionar esas voces ha sido lo que ha sumido este país en la quiebra. ¿Quiénes son? ¿Para quién trabajan? ¿Qué intereses defienden? ¿Responden al interés común? De los cientos que se podrían nombrar, recordemos, por ejemplo, a Miguel Sebastián y David Taguas, sucesivos directores de la Oficina Económica de la Moncloa durante el Gobierno de Rodríguez Zapatero, además de exministro de Industria el primero, y ambos procedentes del BBVA; o a Rodrigo Rato y Luis de Guindos, ministros en distintos Gobiernos del Partido Popular y ambos con una amplia experiencia en entidades financieras fracasadas como Lehman Brothers, Banco Mare Nostrum y Bankia. También cabe hablar de empresarios inmobiliarios, como José Manuel Galindo o Enric Reyna, a quienes los grandes medios de comunicación trataron de expertos inapelables, convirtiendo lo que debieran ser espacios informativos en inacabables anuncios publicitarios de lo que más tarde se ha demostrado una gran estafa.

POLÍTICAS CRIMINALES

La banca no habría podido actuar como lo ha hecho si no hubiera sido por la complicidad absoluta de las Administraciones públicas. No se trata sólo de que el Estado mirara hacia otro lado, permitiendo la mala praxis bancaria sistemática sin control alguno. Tampoco se limita a la puerta giratoria entre consejos de administración y ministerios descrita en el párrafo anterior. El alcance de la burbuja en España sólo se explica por unas políticas públicas muy agresivas que alentaron la especulación por encima de nuestras posibilidades.

A modo de síntesis, afirmamos que la desregulación del mercado hipotecario, el euríbor —el índice europeo que fija el precio de gran número de hipotecas— en mínimos históricos y la inserción de España en los circuitos globales de capital posibilitaron el endeudamiento generalizado. El acceso al crédito barato vino acompañado de un despliegue legislativo que premiaba la compra y penalizaba el alquiler. Las políticas fiscales empujaban a las familias a endeudarse, puesto que desgravaba la compra, nunca el alquiler. Durante el Gobierno del PSOE se liberalizaron los alquileres, lo que provocó que cada vez fueran más caros, inestables y de peor calidad. Cuando gobernó el PP se liberalizó el suelo, se decretó el «todo urbanizable» de Álvarez-Cascos y se dio vía libre a la especulación del suelo, la recalificación urbanística y la corrupción generalizada ligada a éstas.

Paralelamente, las esferas del poder empresarial promovieron mitos que desprestigiaban el alquiler y magnificaban las ventajas de acceder a una vivienda en propiedad. Consignas que se reproducían en boca de unas Administraciones que desde el negacionismo de la burbuja inmobiliaria hasta el aterrizaje suave animaban a comprar. Mensajes que se amplificaban a través de los medios de comunicación convencionales y que se acabaron integrando en el sentido común de la gente.

Estas voces son las que con la inestimable complicidad de los poderes públicos cimentaron la especulación inmobiliaria en este país. Sustituyeron el tejido productivo por la industria del ladrillo, hasta el punto que en España se llegaron a construir más viviendas en un año que en Francia, Alemania y Reino Unido a la vez. Era la época dorada. Disputábamos la *champions* de la economía mundial y nos codeábamos con otras potencias para entrar en el G-8. El milagro español se alimentaba año tras año con la revalorización de los pisos, lo cual era una buena señal. Un síntoma inequívoco de que la economía iba viento en popa. Cuántas veces escuchamos de sus bocas que en España no existía burbuja inmobiliaria. Que la vivienda no baja de precio. Que alquilar es tirar el dinero. El mensaje se institucionalizó de la mano de unas Administraciones que para cuadrar los presupuestos públicos alentaban el negocio inmobiliario.

Las entidades financieras diseñaron mecanismos para evitar los controles de riesgo en los procesos de concesión de créditos, al tiempo que, mediante un despliegue publicitario tan intenso como engañoso, empujaban a los clientes a endeudarse, a sobreendeudarse por encima de las posibilidades reales de mucha gente. El paradigma del «tanto tienes, tanto vales», verdadero *leitmotiv* de una sociedad que apuesta por el individualismo y el éxito personal a costa de lo que sea y de quien sea, se convirtió en norte vital para muchos: poseer, ser propietario de una vivienda, era la puerta de acceso en el exclusivo club de los ciudadanos de primera; el alquiler, definitivamente, era la opción residual, inevitable para los excluidos de aquel club.

Así, en 2007, el 90 por ciento de la población disponía de

una vivienda en régimen de propiedad, frente al 50 por ciento del año 1950. Aquellos osados ciudadanos que se atrevían a cuestionar la gallina de los huevos de oro eran arrinconados. Tildados de agoreros, fatalistas, antisistema y antipatriotas, eran acallados por el Gobierno de turno e ignorados por los medios de comunicación convencionales, malos mensajeros que enmudecieron y silenciaron el discurso crítico.

Entre las voces que se alzaron para cuestionar el sistema se encontraba el movimiento ciudadano V de Vivienda, nacido en mayo de 2006. De nuevo la sociedad civil organizada lideraba la denuncia de un modelo insostenible y exigía el derecho a una vivienda digna. Si las Administraciones hubieran recogido el guante y escuchado al movimiento se habría evitado mucho sufrimiento. Pero claro, resulta que no eran «expertos». Sólo eran aguafiestas.

El estallido de la burbuja inmobiliaria en 2007-2008 dejó al descubierto los frágiles cimientos sobre los que se asentaba el milagro español. Así que el milagro se tornó espejismo y las listas del paro comenzaron a engordar. De pronto millones de parados víctimas de una economía que empleaba al 13 por ciento de la población en el sector inmobiliario no tenían ingresos. La economía se hundía, arrastrada por un modelo donde el ladrillo representaba el 18 por ciento del producto interior bruto (PIB), un 30 por ciento si tenemos en cuenta las actividades indirectas que proliferaron al calor de la construcción.

El pulso de la dación en pago

Paradójicamente aquellos indiscutibles expertos que negaban la burbuja inmobiliaria hace cinco años y loaban las virtudes de nuestra economía, hoy siguen en sus puestos directivos o en sus papeles de tertulianos. Ya se sabe que en España no dimite ni dios. Son los mismos expertos que ahora niegan la viabilidad de la dación en pago retroactiva u otras medidas que propone la PAH, que cuentan con un amplísimo respaldo social. A modo de ejemplo, según un sondeo de Metroscopia publicado en la edición impresa de *El País* del 4 noviembre de 2012, el 94 por ciento de los encuestados se mostraban a favor de una moratoria en los desahucios de quienes no pudieran seguir pagando la hipoteca por estar sin trabajo, y un 86 por ciento lo hacía a favor de la dación en pago.

Aquellos mismos expertos que durante años se han equivocado (o nos han engañado) al hablar de la burbuja inmobiliaria, ahora aseguran que la dación es inviable, que hundiría el sistema financiero y amenazaría los ahorros de los depositantes, que no tienen la culpa de que los demás se hayan hipotecado. Pero el sistema financiero ya se ha hundido por sí solo y ha tenido que ser rescatado en varias ocasiones con miles de millones de euros que pagaremos nosotros y nuestros hijos sin ninguna contrapartida a cambio. Tampoco se escandalizan cuando la dación en pago se aplica masivamente a las empresas inmobiliarias que especularon e hicieron enormes beneficios durante el auge de la burbuja y que ahora entran en quiebra. Pretenden olvidar que son esos activos los que en realidad están poniendo en jaque a las entidades financieras y amenazan seriamente los ahorros de la gente. La morosidad de esas empresas es cuatro veces superior a la morosidad de las familias. Urbanizaciones —y hasta aeropuertos— fantasma, edificios a medio construir, miles de metros cuadrados de suelo que se compraron a precios desorbitados y que a día de hoy son imposibles de colocar en el mercado. Este es el talón de Aquiles del sistema. Auténticos activos tóxicos que están deteriorando los balances bancarios y que han sufrido una devaluación mucho más pronunciada que las viviendas de las familias.

Los expertos también suelen argumentar que una medida de este tipo restringiría el crédito hipotecario a las familias. Si la dación en pago entra en vigor, el banco se lo pensará dos veces a la hora de conceder un préstamo. Lo que para unos pocos supone una mala noticia, para la gente sensata es una noticia extraordinaria. Restringir el crédito hipotecario y regular el mercado del crédito debería ser sin duda una de las lecciones a extraer de esta crisis. Lo contrario sería perpetuar el modelo que ha arruinado al país entero. Echar gasolina al fuego. Quizás ya vaya siendo hora de apostar seriamente por un alquiler asequible y seguro, así como por otras formas de tenencia alternativas a la propiedad y el sobreendeudamiento.

También argumentan que aplicar la medida encarecerá el crédito, puesto que los bancos deberán asumir más riesgo a la hora de conceder hipotecas. Cierto. Tan cierto como que obligará a las entidades a ser más prudentes. Las tasaciones no se inflarán, puesto que el banco querrá asegurarse de que, en caso de impago, la vivienda será suficiente garantía para satisfacer la deuda. De este modo los precios de la vivienda también bajarán. Así que tendremos hipotecas más caras, pero viviendas más baratas. El banco asumirá menos riesgos y las familias precios más razonables.

Finalmente, nos dicen que la retroactividad de la medida no es posible, ya que supondría alterar las reglas del juego a mitad de la partida. Sin embargo, la reforma laboral ha rebajado de 45 a 20 días por año trabajado la indemnización por despido alterando las reglas del juego a mitad de la partida y nadie se rasga las vestiduras.

La lectura cortoplacista de estos supuestos expertos les impide comprender los costes sociales y económicos de no aprobar la dación en pago. Negar la segunda oportunidad empuja a las familias a la economía sumergida y las condena a la exclusión social. Y esto, además de inaceptable desde el punto de vista de los derechos humanos, le sale muy caro a la Administración. Perseguidas de por vida por una deuda ilegítima, las personas se convierten en usuarias perpetuas de las ayudas públicas y los servicios sociales, hipotecando los recursos presentes y futuros de una generación entera. Las Administraciones locales se ven desbordadas y sin capacidad para dar respuesta a la creciente demanda de vivienda social, becas comedor, ayudas para los libros de texto u otros. Así, no es de extrañar que más de cuatrocientos ayuntamientos se hayan sumado a la campaña de mociones impulsada por la PAH instando al Gobierno central a aprobar la dación en pago y paralizar los desahucios. Además, el país no saldrá hacia adelante si abandona en la cuneta a más de medio millón de familias. Si se cierran todas las puertas, las personas no tendrán incentivos para montar negocios o emprender actividades económicas. En un sistema que supuestamente defiende el Estado de bienestar, expulsar del circuito a centenares de miles de familias supone quebrantar la credibilidad de sus instituciones. Con el pacto social hecho añicos, la paz social no puede perdurar.

«Que este señor [representante de la banca] diga que la dación en pago no es una solución, desde luego a nosotros nos reafirma plenamente. Si la gente que nos ha hundido en la miseria nos dice que la dación en pago no es la solución, nosotros estaremos más convencidos que nunca de que la dación en pago es sin duda la solución para el problema de la deuda.» (Ada Colau, en nombre de la PAH, durante su intervención en el Congreso)

En realidad, con esta batería de argumentos contrarios a la dación, generados por las entidades financieras y encumbrados por los poderes públicos a la categoría de verdades absolutas, lo que realmente se persigue es infundir miedo a la población y provocar recelo ante las soluciones que propone la ciudadanía. Se trata de un chantaje en toda regla dirigido al conjunto de la sociedad. Una coacción inaceptable que socava de raíz el concepto de la democracia. Sus postulados además se integran ipso facto en los discursos de los que supuestamente nos representan. No descubrimos nada al afirmar que en realidad actúan como correas de transmisión de intereses privados, y sólo en contadas excepciones en nombre del interés general. Y es que los mismos representantes pertenecen a unas estructuras políticas rehenes de unos pocos —pero muy poderosos— intereses corporativos. Cuanto más se alejan de esos intereses, más complicado se vuelve financiar sus partidos y sus campañas electorales. Así que, a no ser que la oposición ciudadana se rebele y se erija en contrapoder, jamás morderán la mano de quien les da de comer. En noviembre de 2011 una de las últimas actuaciones del Gobierno en funciones de Zapatero tras perder las elecciones fue el indulto al actual consejero delegado del Banco Santander, Alfredo Sáenz, condenado en 2009 por delitos de acusación y denuncia falsa, cometidos en 1993 durante su etapa como presidente de otra entidad. El mismo banco había sido noticia por condonar deudas millonarias al PSOE.

A pesar de todo, la política del miedo utilizada por la patronal bancaria y secundada por el Gobierno para revertir el estado de opinión favorable al cambio normativo se ha constatado que es un fracaso. Los mensajes apocalípticos que advertían a la población que modificar la ley hipotecaria y paralizar los desahucios hundirían el sistema financiero no han servido para nada. El sistema financiero ya se ha hundido y el apoyo de la sociedad civil a las demandas de los afectados no ha dejado de aumentar. Según el sondeo elaborado por Metroscopia y que publicó *El País* el 16 de marzo de 2013, los ciudadanos confían más en la Plataforma de Afectados por la Hipoteca y en los jueces que en los políticos a la hora de buscar una solución al drama de los desahucios. Hasta un 81 por ciento asegura que confía en la PAH y en las ONG que defienden a los desfavorecidos, mientras que sólo un 11 por ciento

cifra aproximada de los desahucios desde 2008. Este estudio estima que desde que estalló la crisis se han producido 362.776 desahucios. Unos 146.358 lanzamientos más que los datos oficiales. Teniendo en cuenta que los lanzamientos judiciales no distinguen entre impago de hipotecas y alquileres, no son números descabellados. Incluso se podría considerar que estas estimaciones se quedan cortas a tenor de los casi dos millones de hogares españoles con todos sus miembros en el paro y de los seis millones de desempleados —una tasa del 26 por ciento— que había según la Encuesta de Población Activa (EPA) a cierre de 2012.

Dado que a los juzgados llega la información detallada de cada procedimiento y teniendo en cuenta la alarma social existente, lo mínimo que deberíamos exigir a un Estado democrático y de derecho son unos datos fiables. Subsanar estas carencias es cuestión de voluntad política y transparencia. Pero lejos de intentar remediarlas, algunos han convertido este agujero negro de las estadísticas en la punta de lanza de su nueva estrategia. De los peores defectos, virtud. Una variante del «difama, que algo queda». Y es que en el contexto actual, el Gobierno utiliza la debilidad de los indicadores oficiales como coartada. Como escudo. Un último intento por desactivar la presión popular.

2

ImPAHrables

Madrid, 12 de febrero de 2012. Congreso de los Diputados. Día clave. Por la tarde se celebra una sesión plenaria en el Parlamento. En el orden del día una votación que podría cambiar el curso de muchas vidas. Los diputados debaten si aceptar a trámite la Iniciativa Legislativa Popular (ILP) por la dación en pago retroactiva, la moratoria de los desahucios y el alquiler social de las viviendas vacías en manos de entidades financieras. Si sale el sí, el Parlamento deberá debatir las propuestas ciudadanas. Si sale el no, la iniciativa popular quedará en vía muerta. Descarrilada antes de tiempo.

Participar no es fácil

Desde febrero de 2009 la PAH había identificado como demandas de mínimos la dación en pago, la moratoria de los desahucios y el alquiler social. Pero fue en octubre de 2010 cuando, junto a Comisiones Obreras de Cataluña (CC.OO.), la Confederación de Asociaciones Vecinales de Cataluña (CONFAVC), la Taula del Tercer Sector, el Observatorio DESC y la Unión General de Trabajadores de Cataluña (UGT), la PAH se decidió impulsar una ILP que permitiera llevar esas demandas directamente al Congreso sin pasar por ningún partido político.

La ley española contempla que para lograr que una propuesta legislativa llegue hasta el Parlamento hay recoger medio millón de firmas. Pero, además, ese esfuerzo no garantiza que la ley se apruebe, ni siquiera que se debata. La última palabra la tienen las mayorías parlamentarias. Ante tanta dificultad, muchos pensaron que éramos unos ingenuos por utilizar un mecanismo tan limitado y poco resolutivo. Sin embargo, la ILP nunca nos la planteamos con la única finalidad de trasladar las demandas de la PAH al Congreso. Para ello existen otras vías más rápidas y menos costosas. De hecho, algunos partidos políticos con representación parlamentaria, como ICV, IU o ERC, ya las habían trasladado entonces a través de diferentes propuestas de ley. Más bien la ILP se pensó en sus inicios como una herramienta para vertebrar el movimiento y articularlo a través de un eje de trabajo que permitiera compartir objetivos y consensuar calendarios. Cuando surgió la idea apenas existían una docena de plataformas, la mayoría concentradas en la provincia de Barcelona, cuna del movimiento en 2009, así que la iniciativa tomó el impulso que nació de la alianza que forjaron varias organizaciones de corte sindical, vecinal y en defensa de los derechos humanos. Hablamos de finales de 2010 y de un contexto sociopolítico y cultural anterior al movimiento de los indignados, es decir anterior al 15-M de 2011.

El bloqueo inicial por parte de la mesa del Congreso, conformada mayormente por diputados del PP y del PSOE, convirtieron la ILP en una constante carrera de obstáculos. Una semana antes de registrar en la mesa del Congreso nuestra iniciativa, un grupúsculo político sin apenas militancia y con extraños vínculos con el mundo inmobiliario de la Comunidad Valenciana se había anticipado presentando una iniciativa parecida. Los letrados del Congreso argumentaron que la normativa impedía tramitar dos iniciativas similares en paralelo y que por lo tanto debía prevalecer la primera. Tras varias conversaciones y después de que el caso saltara a los medios de comunicación, el grupúsculo accedió a retirar su iniciativa para dar paso a la nuestra. Aun así los letrados no lo veían del todo claro. La normativa no contemplaba que alguien pudiera retirar su iniciativa. Llegó el mes de agosto y sus señorías se fueron de vacaciones. Cuando regresaron, Zapatero anunció elecciones anticipadas y se disolvieron las Cortes. A todo esto ya había pasado un año, y las ejecuciones y los desahucios no paraban de aumentar.

Finalmente, sorteada la otra ILP *fantasma*, la mesa del Congreso dio entrada a nuestra propuesta. Pero ahí no terminó la burocracia. Tuvimos que diseñar los pliegos respetando una serie de requisitos supervisados por la Junta Electoral Central. Y una vez aprobado el diseño, tras salir de imprenta, debían sellar los pliegos uno a uno. Se imprimieron tres millones de pliegos de firmas. El 23 de abril de 2012 montábamos la primera mesa en la calle, en Barcelona, más de un año después de lo inicialmente previsto. Paradójicamente, el freno por parte de la mesa del Congreso de la ILP que retrasó el inicio de la recogida de firmas acabaría siendo beneficioso.

La ILP también nos permitía salir a la calle, visibilizar el problema y empatizar con muchos ciudadanos que se acercaban para preguntar y conocer el problema de primera mano. Ofrecía un instrumento de valor incalculable para el movimiento, posibilitando la implicación de muchos afectados y personas que deseaban colaborar pero no sabían cómo hacerlo. Durante meses se convirtió en una ocasión perfecta para ir a dar charlas, montar un chiringuito en las fiestas o visitar los mercados, las plazas y hasta los centros comerciales. Los afectados empezaron a organizarse. Uno preparaba los bocadillos, otro llevaba los pliegos, otro la mesa y las sillas plegables. Así, poco a poco, las asambleas salían de los espacios cerrados y conquistaban las calles. También sirvió para que muchas personas que aterrizaban en la plataforma se conocieran, se comprendieran y comentaran su guerra particular con el banco. Cada día que pasaba, el movimiento se iba consolidando. Cada firma era una pequeña conquista. El movimiento crecía y la causa sumaba activistas.

También sirvió para tejer alianzas y complicidades, tanto con asociaciones vecinales como con las asambleas de barrio que proliferaron al calor del 15-M. En el camino, multitud de asambleas de indignados acabaron constituyéndose como plataforma o grupo Stop Desahucios.

No tirar la toalla. Nunca

Volvemos al 12 de febrero de 2013. La actividad en los aledaños del Congreso empieza muy pronto. A las once de la mañana las entidades promotoras de la iniciativa convocan una rueda de prensa. Casi un millón y medio de firmas avalan las propuestas que históricamente viene reivindicando la PAH. En concreto, hemos recogido 1.402.854 firmas. Hay una expectativa mediática enorme. La ILP estaba destinada a morir de aburrimiento esperando su turno en la cola de propuestas legislativas a debatir en el Congreso, pero la enorme repercusión de la comparecencia de la semana anterior hizo que todo se precipitara. El PSOE optó por ceder su cupo, reservado para otra propuesta legislativa, para que se debatiera la nuestra en el pleno del día 12 de febrero.

Este cambio de última hora produce una coincidencia estridente: la misma tarde que se debate la ILP hipotecaria se debate otra ILP, la que persigue declarar los toros «bien de interés cultural», apoyada por 590.000 firmas, poco más de un tercio de las recogidas por la nuestra. Desde la semana anterior los medios de comunicación dan por hecho que el Partido Popular usará su mayoría absoluta para bloquear la ILP hipotecaria, y en cambio dará luz verde a la que persigue la protección y promoción de la tauromaquia. Se suceden como titulares como «El PP dirá no a la dación en pago y sí a los toros» (eldiario.es, 7 de febrero de 2013).

A las doce, el presidente del Parlamento, Jesús Posada, recibe con todos los honores a los representantes del grupo promotor de la ILP, entre los que se encuentra la PAH. Ante la atenta mirada de una multitud de medios, nos dedica unas palabras. Desea que la ILP tenga «un buen paso por la casa», refiriéndose a la institución. Cosas del protocolo. El mismo Posada sabe que su grupo parlamentario no tiene ninguna intención de votar a favor. Así lo ha hecho saber en declaraciones previas a los medios. El Partido Popular sabe que dar oxígeno a la propuesta de ley y mantenerla viva dentro de la cámara baja es una bomba de relojería. Así que el objetivo es deshacerse cuanto antes de ella para que no les estalle en la cara. Podrían aceptarla a trámite y aparentar escuchar las demandas de la sociedad civil, considerarlas y debatirlas, para luego rebajarlas y desvirtuarlas hasta hacerlas irreconocibles durante el proceso de enmiendas. Pero les da miedo. La ILP les quema entre las manos. Saben que hay mucha razón en esos papeles. Cada firma es una historia humana, un rostro, una mirada que les recuerda que no es una crisis, sino una estafa. Saben que hay un clamor popular que la empuja con fuerza. Miles de voces organizadas que han recorrido un largo camino para llegar hasta allí. Saben que, si la aceptan a trámite, quedarán expuestos. Que no podrán aguantarle la mirada. Así que prefieren el coste político que supone rechazarla de plano antes que asumir el riesgo a que se extienda como un virus y recorra los pasillos de la casa. Una casa que quieren tapiada a cal y canto. La ILP va a ser desahuciada. Nadie podrá defenderla, como tampoco pueden defenderse las familias demandadas por el banco.

Muerto el perro, se acabó la rabia, piensan los dirigentes populares. No en vano durante cuatro años han estado bloqueando las mismas medidas en el Congreso. La mayoría de veces con su oponente-consorte, el PSOE. Pero esta vez es distinto. El PP se ha quedado solo. Los socialistas ya han anunciado que votarán a favor. Es un cambio de postura muy reciente, de pocas semanas atrás, y desde luego llega demasiado tarde como para entusiasmar a nadie, pero es sin duda otro triunfo de la presión social.

Pero no nos resignamos. Cuatro años de lucha nos han enseñado a no dar nunca una batalla por perdida. Más de seiscientos desahucios paralizados cuando parecía que ya no había nada que hacer. Daciones en pago arrancadas tras años de negociaciones y portazos en la cara. No es que no aceptemos un no por respuesta, es que no nos lo podemos permitir. Nos va literalmente la vida en ello. Estamos habituados a jugarnos el todo por el todo en los minutos de descuento. No perdemos nada por intentarlo hasta el último segundo, porque ya no queda nada que perder. Las únicas batallas que se pierden son las que se abandonan.

A la una nos recibe una amplia comitiva de hasta ocho diputados del Partido Popular. Entre ellos se encuentra el portavoz, Alfonso Alonso, y Teodoro García Egea, vocal del grupo en la Comisión de Economía. Nos comunican lo que todo el mundo ya sabe: el PP no permitirá que la propuesta se discuta. Sin embargo, hay algo poco habitual en sus gestos, en sus palabras, en sus miradas. Se respira tensión en el ambiente. Parecen desorientados, inseguros, desbordados por la realidad. Como si no tuviesen claras las posibles consecuencias de su decisión, ni el escenario que puede abrirse. Su posicionamiento es difícil de justificar ante una opinión pública muy sensibilizada con el drama de los desahucios, y lo saben. Es enaceptable desde un punto de vista democrático. Arrogante. Rechazar la ILP supone menospreciar a la gente afectada. Burlarse de un millón y medio de ciudadanos. Significa pisotear uno de los pocos mecanismos de participación ciudadana que contempla nuestro ordenamiento.

Tienen la decisión tomada pero están a la defensiva. Intentan convencernos de que su propuesta de ley para la protección de deudores hipotecarios será suficiente, y que por ello no es necesario tramitar nuestra ILP. No porque no la respeten. Aseguran apreciarla muchísimo, a pesar de no habernos recibido nunca hasta ahora ni habernos considerado interlocutores. Dicen que es una cuestión de economía parlamentaria. Incluso se atreven a decirnos que si se admitiera a trámite, eso perjudicaría a las familias afectadas porque retrasaría la aprobación del proyecto de ley en curso. ¡Qué desfachatez! Un partido que llega como mínimo cuatro años tarde se atreve a culpar a la iniciativa ciudadana de un retraso de pocas semanas.

El grupo promotor no cede y les traslada el sentir mayoritario que se palpa en la calle: la ILP es democracia, es un gigantesco esfuerzo ciudadano que no puede ser ninguneado con malas excusas. La gente que ha firmado y los miles de fedatarios que han trabajado durante meses no lo entenderían. Además, ¿se han planteado en el PP el ridículo que hará el Gobierno de España ante la comunidad internacional si esa tarde se tramita una ILP sobre toros y se veta una propuesta ciudadana apoyada por el 90 por ciento de la población sobre uno de los temas más urgentes del país? Estábamos viendo los titulares: España es una fiesta, el Gobierno tutela los toros y da la espalda a miles de familias desahuciadas.

A medida que avanzaba la conversación, se notaba a los diputados cada vez más incómodos. En los días previos se articuló una campaña de envío masivo de correos electrónicos a los diputados para que aceptasen a trámite la iniciativa. Faxes, llamadas telefónicas, interpelaciones directas por Twitter a las cuentas oficiales de los diputados, declaraciones a prensa, artículos de opinión, tertulias. Más de un millón de correos recibieron los diputados del PP en sólo tres días. Y esa presión se respiraba dentro del Congreso, por muy ajeno a la calle que estuviera.

Tras más de una hora de reunión, con la prensa esperando en los pasillos del Congreso, el portavoz Alonso se descuelga con una propuesta desesperada para intentar convencernos: no admitirán a trámite nuestra ILP, pero reconocerán nuestro esfuerzo poniendo el título de nuestro texto a su proyecto. Sin palabras. Nos quedamos sin palabras ante tanta desvergüenza. Nos estaban tratando como si fuéramos niños, o peor aún, como si fuéramos idiotas. Como si sólo buscáramos un reconocimiento formal, como si no nos creyéramos la lucha y el compromiso de todos estos años. Realmente no tenían ni idea de quien tenían delante. El abismo con la ciudadanía no hacía más que aumentar. Nos despedimos fríamente, recordándoles que lo que nos preocupaba eran las medidas a adoptar, no los títulos de los textos, y que si no modificaban su postura se encontrarían con una fuerte contestación ciudadana.

A continuación nos reunimos con el Grupo Socialista, quienes corroboraron su cambio de actitud. Tras cuatro años de bloquear nuestras propuestas, por fin les había llegado el mensaje de la presión social. Más vale tarde que nunca, aunque ese cambio de actitud tardío no les librará jamás de la responsabilidad directa que comparten con los populares en la gestación de la burbuja, el rescate incondicional a la banca y la condena de miles de familias al desahucio y la exclusión.

Justo antes del inicio del debate parlamentario, nos recibe el grupo de CIU. En días anteriores habían anunciado su abstención pero en el último momento, fruto de la presión ambiental, también se han decantado por votar a favor. Nos habla Pere Macias, de trato amable, y en segundo plano, apoyado en la pared para marcar distancias, nos habla Josep Antoni Duran i Lleida, con un tono resabido y escéptico. Asegura categóricamente que no hay nada que hacer. Que el PP es inamovible y está enrocado. Que nunca a pocas horas de una votación ha cambiado el sentido de su voto, y menos teniendo mayoría absoluta, por lo que nuestro esfuerzo por intentar convencerles será en vano.

A las cuatro empieza el plenario. Todos los partidos y los periodistas coinciden: no hay nada que esperar, las votaciones ya están decididas. Nos ubican en la tribuna de invitados para que lo sigamos en directo. Previamente nos cachean, nos prohíben llevar camisetas de la PAH y nos requisan los teléfonos móviles. Estamos incomunicados con el exterior. Primero se debate la ILP taurina, que acaba siendo aprobada con los votos del PP, UPyD, UPN y Foro Asturias.

Mientras tanto en diversas ciudades, miles de personas se concentran para mostrar su apoyo a la ILP hipotecaria. En Madrid, por centenares, van llegando frente al Congreso. En Barcelona, unas mil personas se dan cita ante la sede del PP, dispuestas a seguir en directo el debate. Entre farola y farola se despliega una sábana blanca y se proyecta la sesión plenaria. Los ánimos están crispados, y no es para menos. Son numerosos los asistentes que se han pasado meses recorriendo las calles en busca de firmas. La ILP significa para muchos de ellos un reducto de esperanza al que se aferran con fuerza. Matías, José Luís y Vicente han coordinado la recogida de firmas en Barcelona, Sabadell y L'Hospitalet desde las plataformas locales. Como ellos, tantos otros. Con las camisetas verdes de manga corta a pesar del frio.

Sabíamos que lo importante de la iniciativa popular era el proceso y no tanto la finalidad última de llevarla al Parlamento. Entre otras razones porque intuíamos que la tumbarían. Sin embargo, llegado el momento y con el triple de las firmas que se necesitaban avalando las propuestas dentro de la cámara baja, nos parecía una provocación que ni tan siquiera se planteasen no debatirla. Por eso, y a pesar de que no éramos ingenuos, había una sensación de derrota en el ambiente. Entre los compañeros se percibía una mezcla de tristeza, rabia e indignación.

A las cinco y media empieza finalmente el debate sobre la admisión a trámite de nuestra ILP. La presión de la calle y de las redes se colaba por debajo de la puerta del Congreso y se respiraba en el plenario. Imposible huir de ella, estaba en todas partes. Era una presión que se venía gestando desde hacía mucho tiempo, pero que se agudizó en la última semana, tras la intervención de la PAH en la Comisión de Economía el 5 de febrero.

Por si fuera poco, avanzada la sesión, Uxue Barkos, diputada de Nafarroa Bai, en su turno de intervención anuncia desde el atril que una pareja de ancianos en Calvià (Mallorca), de 68 y 67 años, se han quitado la vida esa misma tarde, dejando una nota en la que explican que lo hacen tras recibir la orden de desahucio de su vivienda. Se sumaban así a otra docena de casos parecidos que durante los últimos meses habían saltado a los medios. La gota que colma el vaso.

A pocos minutos de la intervención del PP, último grupo en intervenir antes de la votación, dos diputados del Grupo Popular suben a buscarnos a la tribuna de invitados desde donde presenciamos el pleno. Un ujier nos llama a dos representantes del grupo promotor para salir al pasillo. Los diputados están nerviosos e inseguros. Y sin muchos preámbulos nos lo sueltan: se están planteando la posibilidad de reconsiderar su voto. A cambio quieren que rebajemos el tono de nuestras protestas. Inaudito. Les aclaramos inmediatamente que estamos allí en calidad de portavoces del grupo, pero que en ningún caso se nos había delegado ninguna capacidad de negociar nada. Es más, podíamos intuir que el movimiento no estaría dispuesto a rebajar nada mientras no se aprobaran las medidas urgentes planteadas en la ILP. Así que si cambiaban de opinión lo celebraríamos públicamente, pero nada más. Buen intento, pero no hay trueque. Se van refunfuñando.

Acto seguido el portavoz del grupo, Alfonso Alonso, convoca a los medios en una sala adjunta. Contra todo pronóstico, la presión de la calle obligaba al PP a recular y votar a favor de la toma en consideración de la ILP. Lo habíamos logrado: la ILP se admitía a trámite con 333 votos a favor y una sola abstención, la de un diputado popular despistado que no entendió bien la orden de voto de su partido.

De nuevo la PAH demostraba que si nos organizábamos y manteníamos el rumbo podíamos cambiar las cosas.

«¡Expúlsenlos, coño!»

De aquellos días, muchos guardan en su retina la imagen de algunos miembros de la plataforma siendo desalojados por los agentes de seguridad que custodiaban el palco de invitados. Y es que a pesar de la euforia que nos recorría por dentro y del sabor a victoria del momento, la intervención final del diputado Teodoro García desde el atril del Congreso crispó de nuevo nuestros ánimos. El Partido Popular cerró el debate afirmando que su grupo y la PAH iban «por el mismo camino», y se recreó aludiendo a una supuesta relación de «cooperación», inexistente hasta la fecha. Finalizar con esas palabras después de ningunearnos durante cuatro años, de haber minimizado el drama y de ni tan siquiera haber tenido intención de reunirse con nosotros y escuchar a las víctimas era un insulto y un burdo intento de apropiación indebida. Al finalizar el debate, y cuando los diputados aplaudían, miembros de la PAH gritamos «¡Sí se puede!» con todo nuestro corazón, en una mezcla de alegría por la pequeña gran victoria lograda y de rabia e impotencia por todo el sufrimiento acumulado, el ofensivo discurso popular que falseaba la realidad y la noticia de las muertes en Calvià. Así que nuestros gritos recordaban desde lo alto del Congreso que aquello era una victoria ciudadana y no de ningún partido político.

Para entender la distancia que separa algunos de los diputados de la calle resulta significativo recordar que en el momento en que los miembros de la Plataforma de Afectados por la Hipoteca somos desalojados de la tribuna de invitados al grito de «¡Sí se puede!», un micrófono abierto capta la voz del presidente de la Cámara, Jesús Posada, gritando «¡Expúlsenlos, coño!», así como la de la vicepresidenta del Congreso, Celia Villalobos, preguntando a sus compañeros: «Sí se puede... ¿qué?».

Esa noche, millones de ciudadanos se fueron a dormir convencidos de que, en efecto, sí se puede reconquistar la democracia.

3

Organizarse para ganar

¿Cómo un movimiento de autoorganización ciudadana puede doblegar a una mayoría absoluta? ¿Cómo ha podido acumular tanta legitimidad? ¿De qué manera ha sido capaz de construir un movimiento popular hasta el punto de convertirse en la oposición de un Gobierno cómplice de una banca criminal? ¿Cómo un movimiento sin recursos puede retar a un pulso a una mayoría absoluta parlamentaria y ganarlo?

De afectado a activista

Cuando una familia no puede pagar la cuota de la hipoteca lo primero que hace es acercarse a la oficina bancaria para hablar con el director. Pero con una ley que sobreprotege a los bancos, las personas apenas disponen de cartas para negociar con una mínima garantía. La relación se establece entre partes muy desiguales. El banco tiene la sartén por el mango. Suya es la última palabra. Como la ley hipotecaria premia la ejecución de la vivienda, los incentivos del banco para llegar a un acuerdo razonable con el afectado son escasos.

Cuando el acuerdo con el banco se vuelve imposible, las personas afectadas suelen pedir ayuda a la familia. La red familiar actúa siempre como el primer amortiguador social, y sostiene la situación por algún tiempo. Pero a medida que la crisis va calando, el amortiguador cada vez es más fino.

Cuando la familia ya no puede responder se recurre a la Administración. Sin embargo, ésta tampoco dispone de recursos ni instrumentos de presión para equilibrar la balanza. Y en caso de que existan se niega a utilizarlos. Prefieren actuar por la vía de los incentivos positivos y el diálogo con las entidades financieras. De nuevo, se depende de la buena voluntad y predisposición de estas últimas. Se niegan a publicar, por ejemplo, el nombre de las entidades que más desahucios ejecutan, se niegan a sancionar fiscalmente el uso de las viviendas vacías que acumulan y continúan trabajando con los bancos que desahucian. En el peor de los casos, te diriges a servicios sociales y no sólo no te garantizan un realojo, sino que en ocasiones te advierten que si no tienes un techo bajo el que cobijar a tu familia están obligados a emitir un informe y trasladarlo al organismo competente de protección de menores, de modo que si no puedes garantizar a tus hijos un hogar pueden llegar a quitarte su custodia. Como para volverse loco.

La PAH es el último recurso. La última red antes de caer en el vacío. Cuando las personas llegan a la plataforma, lo suelen hacer en un estado anímico deplorable. No hace tanto llevaban una vida normal. Tenían un trabajo relativamente estable, un coche, una casa y un proyecto de vida. En poco tiempo su situación ha dado un vuelco absoluto. Primero pierden el trabajo. Sin ingresos no pueden pagar la hipoteca y en apenas unos pocos meses les llega la demanda del banco por impago. Perderán la casa y quedarán endeudados con el banco de por vida. El impacto psicológico y los efectos sobre la salud mental son devastadores. Juan Ramis-Pujol, profesor del departamento de dirección de operaciones e innovación de ESADE, ha elaborado un estudio sobre la situación que viven los desahuciados, desde la alegría de la compra del inmueble hasta el final, el desahucio. El estudio concluye que los afectados acaban sufriendo un colapso emocional que les impide actuar y experimentan un estrés postraumático similar al de quien sobrevive a un accidente de coche.

Así, uno de los primeros retos que tenemos como plataforma es recuperar a nivel emocional a las personas. El enemigo número uno no es externo, sino que se encuentra dentro de nosotros. Es una cuestión de volver a creer en uno mismo. De recuperar la autoestima perdida. Con cada visita al banco. Con cada vez que te veías obligado a pedir dinero a tus padres, a tus hermanos, a los amigos. Con cada vez que rellenabas montañas de papeles para poder percibir una pequeña ayuda de la Administración. Con cada vez que tenías que hacer largas colas en las puertas de la Cruz Roja o de alguna entidad benéfica para llevar arroz, legumbres, aceite o huevos a casa.

Los bancos suelen subcontratar empresas de recobro para recuperar los créditos morosos. Para lograr sus fines, estas empresas ponen en práctica unos métodos muy agresivos. En la mayoría de ocasiones, fuera de la ley. Someten a los afectados a un acoso constante. Llamadas a todas horas, chantajes, insultos, amenazas. Debilitarte forma parte de su estrategia. Te sientes solo. Un granito de arena en medio de un inmenso desierto. Sin amparo. Suspendido como una partícula en el aire. Sin gravedad. Despojado.

Por otra parte el discurso oficial tiende a culpabilizarte. Oyes todos los días que has vivido por encima de tus posibilidades. En esos momentos sólo tienes tiempo para sobrevivir. No tienes tiempo para reflexionar y pensar que si te has endeudado ha sido no sólo porque el sistema lo posibilitaba, sino porque sobre todo lo fomentaba. Así que te sientes responsable de la situación que atraviesas, tú y tu familia. Impotente. Sin saber cómo afrontar la situación y encontrar una salida. Incapaz de proteger a tus hijos ni sacar adelante a la familia. Si tus padres o tus suegros te han avalado con su casa, el sentimiento de culpa se vuelve insufrible. A ello hay que sumarle la vergüenza y el estigma social que conlleva en nuestra sociedad no pagar las deudas. De ciudadano de primera a apestado en el lapso de un año.

Los servicios de mediación que ponen en marcha las Administraciones para ayudar a las personas con dificultades se limitan a dar una cita, examinar el contrato y mediar con el banco. Es un servicio burocratizado, deshumanizado y de corte asistencialista. No está diseñado para dar respuesta a las necesidades vitales más inmediatas de los afectados, que para ellos no son más que un número de expediente, una peonza que va dando bandazos de un lado a otro. Por eso son un estrepitoso fracaso y no funcionan. Cada cierto tiempo suelen presentar unos informes con resultados que adquieren cierto impacto mediático. Unos informes que miden el éxito en base al número de casos atendidos, expedientes abiertos y negociaciones cerradas. Pero donde se obvia el factor humano. Seguramente el factor más importante de todos y el más complicado de cuantificar.

Empoderamiento contra asistencialismo

El asistencialismo promueve la caridad. No existe interacción, sino sólo recepción. Relega al afectado a un plano secundario, a un problema de gestión de la miseria. No cuestiona las bases ni las relaciones de poder existentes. Por eso es una salida tan cómoda y amable para el poder. Por eso se lleva la mayoría de subvenciones. Perpetúa los privilegios. Se ejerce de arriba abajo. No cede el protagonismo a los afectados. Trata a las personas como sujetos pasivos. Las victimiza sin empoderarlas. Las sitúa en las coordenadas del miedo y la parálisis. Culpabiliza. Refuerza el mensaje institucional que nos recuerda que no existen alternativas. Que nuestro futuro está escrito. Fomenta la resignación. No articula fuerza social ni contrapoder efectivo. Bloquea la palanca de transformación. El afectado va, recibe —si es que recibe—, ficha y se vuelve a casa.

Y es precisamente aquí donde radica la fuerza de las plataformas. Cada afectado tiene un nombre, una historia, un recorrido. Existe. Aparece. No eres un número, sino una persona y como tal te reconocen. De igual a igual. La PAH ofrece los espacios donde la relación humana se hace de nuevo posible. Donde compartir la experiencia vital es inevitable y necesario. La PAH ofrece arraigo y pertenencia. Los afectados retoman las riendas de su vida. Y en el proceso conocen, aprenden, se empoderan. Adquieren responsabilidades. Se corresponsabilizan. Las emociones se conectan. Se va forjando una voz colectiva. Nace la solidaridad. Los ciudadanos se convierten en protagonistas principales de su historia y de la historia colectiva. La comunidad les devuelve a la vida. Y la lucha cotidiana, la dignidad que les habían robado por el camino.

El asesoramiento individual desaparece. La información se transmite a partir de asambleas colectivas. Las personas se expresan, se escuchan. Se tejen vínculos. Detrás de cada ejecución existe un rostro, una vida. Así se construye comunidad. Este es el punto de partida. La semilla de la que brota el movimiento. La manera en la que un problema individual se vuelve un problema colectivo. El conocimiento se comparte. Todos somos portadores. Todos somos imprescindibles. Todos participamos activamente.

La construcción de un sujeto colectivo

> «No estamos delante de un problema social, sino de una estafa que ha sido planificada.» (Ada Colau, en nombre de la PAH, en el Congreso)

Pero para empoderar a los afectados no basta con generar espacios de comunidad. Hay que reinterpretar la realidad y reconstruir un relato de la crisis alternativo al oficial, y con el que nos sintamos identificados. Una narrativa que explique las causas estructurales que nos han conducido hasta aquí. No somos responsables de la crisis ni de haber perdido el empleo ni de no tener ingresos para afrontar los pagos de la hipoteca ni de que exista una ley que nos condena a una deuda impagable y nos expulsa de nuestras casas. Frente a los dogmas y los mitos que propagan los representantes de la banca y de las élites empresariales, políticas y mediáticas, debemos abrir otro imaginario colectivo, otro sentido de la realidad. La vivienda es un derecho, no un negocio, decía V de Vivienda ya en 2006. No somos mercancía en manos de políticos y banqueros, decía ¡Democracia Real Ya! en 2011. No es una crisis, es una estafa, sigue diciendo el 15-M. Sí se puede, afirma la PAH. Pero no sólo hay que encontrar unas ideas fuerza, unos eslóganes que sinteticen lo que mucha gente piensa, sino que además hay que darles forma y dotar a esos ítems de contenido.

Así, la PAH canaliza la frustración y la injusticia y las transforma en demandas de mínimos, en propuestas constructivas y en acciones de denuncia. No son pocos los afectados que llegan a las asambleas al límite de sus fuerzas, desesperados, amenazando con quitarse la vida. Gustavo, por ejemplo, es un transportista que conduce camiones de mercancías y se pasa el día en la carretera. El primer día que abrió la boca para contar su experiencia en una asamblea nos explicó, compungido, la que cada vez que pillaba una curva sentía la tentación de agarrar fuerte el volante, apretar el acelerador hasta el fondo y cerrar los ojos. Se había quedado con una deuda impagable y temía por la vivienda de unos amigos que figuraban de aval en su hipoteca. También está Lluís, que ante la impotencia de verse en la calle con su hijo de nueve años repetía una y otra vez que sólo podrían sacarlo de casa con los pies por delante. Juan aseguraba que si algo le pasaba a su mujer durante el proceso prendería fuego al banco. Mercedes anunciaba que visitaría al director del banco que le vendió la hipoteca y al que habían trasladado de oficina con una bombona de gas butano si le arrebataban la custodia de sus pequeños.

Frente a estos actos de desesperación, la PAH propone una alternativa. Hablar, persuadir y negociar, y, cuando todo esto falla, acciones de desobediencia civil pacífica. Y es que, cuando las leyes son injustas, desobedecerlas no solamente es un derecho, sino que se vuelve una obligación de la ciudadanía, precisamente para forzar el cambio de esas leyes. La historia está llena de ejemplos que nos lo demuestran. Sin desobediencia civil todavía existirían los esclavos, las mujeres no tendrían derecho a votar y los negros se sentarían en la parte trasera de los autobuses. Esos actos de desobediencia encuentran amparo, además, en una legalidad superior, la de los derechos humanos. Porque los derechos humanos no se negocian. Es el principio fundamental que los inspira. Los derechos humanos no están sometidos al escrutinio de las urnas. Son los derechos mínimos que ninguna democracia se puede saltar. En el caso concreto de los desahucios, la desobediencia civil es la respuesta de la ciudadanía frente a la vulneración por parte del Estado de tratados internacionales suscritos por el reino de España.

La batalla del lenguaje

La PAH ha sabido ganar la batalla del lenguaje, a pesar de la potencia de los altavoces neoliberales. Ha sabido dotar de fuerza y contenido la lucha por el derecho a una vivienda digna y confrontarlo al derecho que tienen los bancos a desahuciar a las personas de sus casas al tiempo que almacenan casi un millón de pisos vacíos que no están cumpliendo su función social. Ha logrado contraponer el derecho a una segunda oportunidad al derecho que tienen los acreedores de seguir reclamando una deuda ilegítima. Si no hubiéramos sido capaces de condicionar el terreno de juego donde se está librando la partida, habría sido imposible plantar tan siquiera batalla. La pugna se encuentra en estos momentos entre la legalidad vigente y la legitimidad.

Conquistar el sentido común de la ciudadanía no es nada fácil. Disolver los moldes que configuran el imaginario popular es una tarea titánica. Si bien también es cierto que en momentos de crisis tan profundas como las que estamos viviendo muchos de los mitos y esquemas en los que creíamos ciegamente se resquebrajan, y resulta más fácil encontrar grietas para introducir voces críticas.

Anticipación

También ha resultado fundamental anticiparnos. V de Vivienda, la plataforma antecesora de la PAH, ya denunció en 2006 la mercantilización de una necesidad básica y señaló la burbuja inmobiliaria cuando todo el mundo la negaba. De aquella época algunos recordarán una frase que popularizó el movimiento: «No vas a tener casa en la puta vida». Otros recordarán un superhéroe llamado Supervivienda que interrumpía mítines políticos para denunciar las dificultades de acceso que tenía la población. De alguna manera, las apariciones de Supervivienda eran una especie de escrache.

Los que participamos activamente de este movimiento teníamos muy claro que más temprano que tarde la burbuja estallaría y que al problema de acceso que arrastrábamos históricamente por los precios aberrantes de los pisos se iba a sumar la pérdida del hogar para miles y miles de personas. En febrero de 2009 se convocó la primera reunión con personas afectadas. Conocimos las ejecuciones hipotecarias y los dramas que conlleva mucho antes que la propia Administración tuviera noticia. Y avisamos. La bola se iba haciendo cada vez más grande. Pero la Administración le restaba importancia. El lapso de tiempo —año y medio aproximadamente— que transcurre desde que se inician los procesos de ejecución hipotecaria y los desahucios no hacía saltar las alarmas. Sin imágenes no hay noticia. Sin noticia no hay problema. Pero era tan sólo cuestión de tiempo. Asusta en este sentido la miopía que demostraron los gobernantes socialistas.

Una de las primeras acciones públicas de la plataforma fue el escrache que le hicimos a la ministra de Vivienda, Beatriz Corredor, registradora de la propiedad de profesión, durante la inauguración en Barcelona de la feria inmobiliaria más importante de España, el Barcelona Meeting Point. Fuimos a su encuentro para explicarle el problema con unas pancartas en forma de bocadillo de cómic con inscripciones tipo: «La dación, una solución», «Hipoatracados», «Viviendas vacías para alquiler social». Nos la encontramos custodiada por el alcalde de la ciudad condal. Jordi Hereu, por un lado, y el presidente de los constructores e inmobiliarias de Cataluña, Enric Reyna, por el otro. Ante nuestra presencia y ante las cámaras afirmó sin pestañear que, a diferencia de lo que ocurría en Estados Unidos, los ciudadanos españoles no tenían problemas para pagar sus hipotecas.

De modo que la Administración tardó años en reaccionar y escuchar el clamor de las víctimas. Dada la pasividad e inacción de los poderes públicos, no tuvimos más remedio que trazar nuestra propia ruta y comenzar a organizarnos localmente, a desarrollar mecanismos de ayuda mutua, al tiempo que elaborábamos argumentos y propuestas de ley. Así como las hormigas recaudan comida durante el verano para no morir de hambre cuando llega el invierno, teníamos que prepararnos para cuando el colchón familiar ya no aguantase y el conflicto social estallase.

ESTADO FALLIDO

La PAH es un recurso útil para las personas afectadas. Cubre necesidades inmediatas. Aquí y ahora. La situación de las personas es límite y no podemos esperar a que cambien las leyes para dar una respuesta. Desde hace cuatro años, y sin apenas recursos, la PAH lleva a cabo las funciones que debería cubrir la Administración. Cuando llega una orden de desahucio nos ponemos en contacto con servicios sociales. Les instamos a que escriban una carta dirigida a los juzgados detallando la radiografía de la familia y solicitando un aplazamiento de la orden de lanzamiento. En la carta se detalla si hay personas discapacitadas, niños menores a cargo, si la familia se encuentra a la espera de un piso de emergencia... Si la persona no tiene abogado y no dispone de recursos, se le explica cómo solicitar el servicio de justicia gratuita, cómo rellenar los papeles y cómo recurrir en caso que te la denieguen. Si, en cambio, ya tiene abogado de oficio se le da indicaciones y consejos para que se los transmita. Paralelamente, se contacta con el banco y se intenta abrir una vía de negociación. A veces funciona y nos dicen que han suspendido la orden. Entonces vamos a los juzgados y comprobamos si es o no cierto. Cuando no funciona, la mayoría de veces, nos organizamos para acompañarlo a su oficina bancaria. Normalmente vamos en *petit comité*. Una decena de personas suele ser suficiente, uno o dos con experiencia en negociaciones. Los demás están aprendiendo. Si todo esto fracasa y no da resultados se prepara una acción y se fija un día. Se convoca a todos los miembros de la plataforma. Vamos a la oficina bancaria, se llama a los medios, se pegan pegatinas y pedimos cita con el director.

Normalmente esto basta para abrir el cauce de una negociación. Como última opción, y si la cosa se atasca, acampamos delante de la puerta de la sucursal.

Es así como se consiguen múltiples daciones en pago, alquileres sociales y condonaciones de deuda. En Barcelona, por poner un ejemplo, al cierre de este libro, en la primera semana de abril, lo consiguieron Óscar, Maximiliano y Blanca Sangucho, esta última después de más de dos años y medio de batalla. Su hermano se compró un piso en 2004 y se quedó sin trabajo. Se subastó la vivienda, situada en un barrio humilde, y se quedó con una deuda de más de 200.000 euros. Blanca avalaba la hipoteca de su hermano. Cada mes le embargaban parte del sueldo que se gana limpiando. Blanca vive con su marido, que ha perdido el trabajo, y con una sola nómina tienen que hacer frente al pago de la hipoteca. Ha sido una victoria que hemos celebrado mucho porque Blanca es un ejemplo para el colectivo. Una gran luchadora que nunca bajó los brazos.

Por el contrario, las Administraciones públicas no han querido enfrentarse al poder financiero para detener esta sangría. Ni tan siquiera se han atrevido con aquellas entidades perceptoras de ayudas públicas o que directamente han sido nacionalizadas. El caso más flagrante seguramente es el de Bankia, que a pesar de haber recibido más de 20.000 millones de euros continúa ejecutando hipotecas y desahuciando. Lo mismo ocurre con Catalunya Caixa. Durante los años de la burbuja los gestores y altos cargos de estas empresas se llevaron primas multimillonarias por los resultados que reflejaban sus cuentas al cerrar el año. Fueron premiados por una gestión nefasta que nos ha conducido a la ruina. Pero lejos de investigar y procesar a sus responsables, los dejamos que se marchen de rositas, muchos con pensiones vitalicias e indemnizaciones millonarias. Mientras, nuestros abuelos tienen sus ahorros atrapados en las preferentes.

Lamentablemente las Administraciones tienen miedo. Aunque de vez en cuando encontramos algunas excepciones. Como el ayuntamiento de Tenerife, que se negó a trabajar con entidades que desahucian y amenazó con retirar el dinero de las cuentas. O la concejala de Badia del Vallès (Barcelona) que se encerró hasta entrada la madrugada con sus vecinos en una sucursal bancaria hasta conseguir la dación de una persona afectada. Pero lo cierto es que estos ejemplos son la excepción que confirma la regla. En noviembre de 2011, el ayuntamiento de Barcelona puso en marcha una comisión mixta para hacer el seguimiento a la problemática de los desahucios. En esta comisión participa la PAH y otras entidades sociales. Cuando se conformó la comisión hicimos entrega de un documento con una serie de propuestas que podían aplicarse desde la competencia municipal. Entre otras, la eliminación de la plusvalía municipal que les reclamaba el ayuntamiento a los afectados cuando conseguían la dación en pago, y que el consistorio tardó un año en eliminar. Propusimos que sancionara fiscalmente las viviendas vacías de los bancos que desahuciaban y se negaron. Les interpelamos para que publicaran la lista de las entidades que más ejecutaban, pero no quisieron. Prefieren la vía del diálogo y de incentivos. Llevan más de un año intentando que les cedan los pisos que disponen los bancos en cartera para gestionar el alquiler de los mismos, sin éxito. Aun así, continúan ofreciendo la zanahoria y esconden el palo.

Las Administraciones rehúyen la confrontación. Un miedo que ha tenido que perder la ciudadanía para dar un paso al frente, interponer su cuerpo y detener así las órdenes de lanzamiento dictadas por un juez. El Estado se muestra inoperante e incapaz de garantizar las necesidades mínimas de la población. La PAH llega donde la Administración pública se ausenta, y actúa, sin recursos, para hacer frente a la barbarie. Mientras tanto el Estado se convierte en el brazo ejecutor de la masacre. En última instancia son los cuerpos policiales los que tumban las puertas de nuestros hogares y entran, armados, para echar a las familias de las casas. Casas que quedan vacías. Por lo tanto, la violencia es la única respuesta que nos ofrece el Estado. Es la violencia extrema de un sistema que nos quiere mendigando en la calle, debajo de un puente o en los extrarradios de la ciudad. Ante ello, la PAH reemplaza las funciones que por mandato constitucional le correspondería garantizar a los Gobiernos y actúa como un punto de anclaje para miles de personas. Ante el descrédito de unas instituciones cobardes y anquilosadas, las plataformas se han convertido en una referencia estable y consolidada.

A día de hoy la PAH está presente a lo largo de toda la geografía española, con más de ciento treinta núcleos repartidos por todo el territorio. Desde Barcelona se extendió por toda la provincia, donde hoy cuenta con casi treinta núcleos. De las comarcas de Barcelona saltó al resto de Cataluña y de Cataluña a Murcia. Murcia es la segunda comunidad autónoma donde se replicó la PAH. Posteriormente vinieron la Comunidad Valenciana, La Rioja y Madrid. Tras el 15-M se extendió al resto de comunidades autónomas, incluidas las Islas Canarias y las Baleares. El último núcleo en constituirse fue Gibraltar. Actualmente no hay ninguna provincia que no cuente con un nodo o un grupo Stop Desahucios.

Si hace falta iremos a ver al Papa

Siempre hemos apostado por el diálogo. Desde el principio, hemos interpelado a los diferentes niveles de la Administración: ayuntamientos, comunidades autónomas y Congreso de los Diputados. Hemos hablado con todos los partidos políticos que nos han querido escuchar. También lo hemos hecho con jueces, defensores del pueblo, colegios de notarios y todo tipo de agentes privados e instituciones públicas, a quienes hemos trasladado nuestras propuestas.

A nivel de municipal, en diciembre de 2010 el pleno del ayuntamiento de Sant Adrià del Besós aprueba la primera moción en apoyo a las demandas de la PAH con la unanimidad de todas las fuerzas políticas. Actualmente ya son más de 400 los municipios que ya se han adherido a la campaña, que insta al Gobierno central a adoptar las medidas necesarias para frenar los desahucios y aprobar la dación en pago. En muchas ciudades, como es el caso de Barcelona, Terrassa, Girona, Getafe, Logroño o Vigo, por ejemplo, se han constituido comisiones mixtas a instancias de la PAH que tienen como objetivo encontrar mecanismos institucionales desde lo local que palíen la lacra de los desahucios, y en las que participan grupos políticos y entidades sociales.

En el ámbito autonómico, nos hemos reunido con los responsables de vivienda de las comunidades autónomas. Cataluña ha puesto en marcha un servicio de mediación y asesoramiento para los afectados, sin lugar a dudas fruto de la presión ejercida por la PAH y la sensibilidad social que despierta la problemática en el conjunto de la sociedad. Este servicio se ha replicado en otras comunidades.

En el Estado, en 2011, y a petición del entonces diputado de ERC Joan Ridao, el Gobierno socialista abrió una comisión de estudio en el seno de la Comisión de Vivienda del Congreso para debatir la posible reforma de la ley hipotecaria. La PAH compareció el 11 de julio a petición del grupo parlamentario de ICV-IU para explicar la problemática y exponer sus propuestas. La intervención, en la misma línea que la del 5 de febrero de 2013, pasó casi inadvertida para los medios. Por parte de los parlamentarios allí presentes, merece destacar las palabras de un diputado popular que sostenía con vehemencia que si la ley hipotecaria había perdurado a lo largo de un siglo, algo bueno tenía que tener. El presidente de la comisión,

Pere Macias, mostraba por su parte su preocupación por los efectos que la dación en pago podría causar sobre aquellas hipotecas ya firmadas. Estaba convencido de que, en caso de aprobarse la reforma, se encarecerían, y ello llevaría a que muchas familias no pudieran afrontar los pagos. Sin embargo, las hipotecas ya suscritas están sujetas, en muchos casos, al euríbor más un diferencial que ya está pactado en el contrato. Por lo tanto, el efecto que tendría la dación sobre esas hipotecas sería nulo. Por desgracia, la comisión no sirvió para mucho. El Gobierno socialista anticipó las elecciones sin que ésta hubiera elaborado ni tan siquiera sus conclusiones.

Hemos hablado con todos aquellos partidos políticos que nos han querido escuchar. ICV y ERC fueron los primeros en acercarse al problema. En junio de 2010, el diputado de ICV-IU Joan Herrera defendía por primera vez en el Congreso la dación en pago retroactiva propuesta por la PAH. El partido socialista, que en aquel momento gobernaba, la bloqueó. En varias ocasiones la ministra de Economía, Elena Salgado, había afirmado que la dación en pago era implanteable, ya que amenazaba la estabilidad del sistema financiero, base de la recuperación económica. La única modificación de la ley hipotecaria que se hizo durante la legislatura socialista fue para aumentar del 50 al 60 por ciento el precio de adjudicación del inmueble en caso que la subasta quedara desierta. También incrementó levemente el mínimo inembargable.

Nos hemos puesto en contacto con los colegios de notarios. Los bancos se dieron cuenta de que existía un vacío legal que permitía a la entidad adjudicarse extrajudicialmente los inmuebles por un importe inferior al 60 por ciento que marcaba la ley. De hecho, técnicamente era posible adjudicárselo por un euro. De esta manera solían ejecutar hipotecas por la vía extrajudicial cuando el 60 por ciento del valor de tasación era superior a la deuda pendiente, y evitaban abonar al cliente la diferencia. Cuando nos dimos cuenta de que los bancos estaban actuando de esta guisa lo denunciamos públicamente. Fuimos a hablar con el Consejo General del Notariado, cuyos responsables remitieron una circular a los colegiados cuestionando esta práctica. Al poco, el Gobierno popular corrigió esta laguna equiparando la vía extrajudicial al proceso judicial.

Por supuesto, nuestro diálogo se extendió igualmente a los jueces. En septiembre de 2009, el Observatorio DESC y la Plataforma de Afectados por la Hipoteca organizaron en el Colegio de Abogados de Barcelona las jornadas «Ejecuciones hipotecarias y derecho a una vivienda: estrategias jurídicas frente a la insolvencia familiar». Los jueces Guillem Soler y José María Fernandez Seijó estaban entre los ponentes invitados. Por aquel entonces, Seijó ya insinuaba la vía de Europa y Soler cuestionaba la constitucionalidad de la ley hipotecaria vigente.

Incluso hemos expuesto nuestras ideas a presidentes de otros países. En noviembre de 2012, la embajada de Ecuador en Madrid nos contactó para concertar una entrevista con el presidente Rafael Correa, aprovechando su estancia en España con motivo de la cumbre iberoamericana de Cádiz. La reunión tuvo lugar en Barcelona el 18 de noviembre. El presidente Correa sabía que había miles de ecuatorianos que residían en España que estaban afectados por el procedimiento hipotecario y quería información de primera mano. En declaraciones a la agencia Efe tras la entrevista fuimos muy claros: «Que el presidente del Gobierno de Ecuador nos reciba, escuche y denuncie la situación de los desahucios contrasta con el hecho de que nuestro Gobierno no lo haya hecho». Al mes siguiente, nos solicitó reunión Evo Morales, presidente de Bolivia, por las mismas razones que Rafael Correa. Pocos meses después, la Defensoría del Pueblo del Gobierno ecuatoriano demandaba a España ante el Tribunal de Derechos Humanos de Estrasburgo, por entender que nuestra ley hipotecaria vulneraba esos derechos.

El 22 de enero de 2013, con motivo de la última entrega de

firmas de la ILP en Barcelona, fuimos recibidos por la delegada del Gobierno en Cataluña, María Llanos de Luna, a quien le trasladamos de nuevo la petición de reunirnos con el presidente del Gobierno. Nos confirmó que así lo haría llegar. Pero tampoco obtuvimos respuesta.

Las campañas de la PAH

La constancia y los pequeños logros cosechados durante cuatro años han granjeado al movimiento una gran credibilidad. Tenemos objetivos a corto, medio y largo plazo, y las pequeñas victorias han conseguido darle la vuelta al imaginario popular. Hemos demostrado que sí se puede paralizar un desahucio, que sí se puede conseguir la dación en pago, que sí se puede recoger un millón y medio de firmas. Nuestras campañas siempre han sido claras, directas y han pivotado sobre las demandas básicas recogidas en el manifiesto constitutivo.

«Este banco engaña, estafa y echa la gente de su casa»

Es una campaña de presión hacia las sucursales bancarias donde los afectados tienen contratada la hipoteca. Consiste en pegar pegatinas en los escaparates de las oficinas e informar a los clientes sobre las prácticas lesivas que ejerce sobre los afectados. La campaña persigue señalar a las sucursales como responsables directas del sufrimiento de la población y se activa cuando una entidad se niega a negociar con el afectado una solución razonable o lo trata de manera humillante o amenazante. Por una parte, pretende restablecer en la medida de lo posible una negociación menos desigual entre las partes.

Con la ley vigente, el único mecanismo de presión a disposición de los afectados consiste en atacar la imagen corporativa de la entidad. Este es su talón de Aquiles. Por otra parte, enganchar pegatinas en la cristalera exterior de los bancos y cajas sirve como canalizador de la indignación e impotencia que sienten muchos afectados, a la vez que pierden el miedo a plantar cara a Goliat.

Dación en pago retroactiva y «Stop desahucios»

Primero había que denunciar la anomalía de una ley hipotecaria que dejaba a las familias endeudadas de por vida. Al mismo tiempo proponíamos una solución que fuera posible y de aplicación en otros países de nuestro entorno: la dación en pago. Es decir, que en caso de vivienda única y habitual y de insolvencia sobrevenida, la entrega de la vivienda bastase para cancelar la deuda con el banco. El derecho a una segunda oportunidad, que, directa o indirectamente, está contemplado en todos los países de nuestro entorno. Además, la propuesta tenía que contemplar alguna forma de retroactividad que beneficiase a las familias que ya habían sido desahuciadas y que arrastraban una deuda ilegítima.

La campaña «Stop desahucios» ha sido la que más repercusión ha tenido y más visibilidad ha conseguido. Consiste en concentrarse delante de la puerta del vecino al que van a desahuciar para evitar que la comitiva judicial pueda efectuarlo. Desde noviembre de 2010, fecha del primer desalojo detenido en La Bisbal del Penedès (Tarragona), y hasta marzo de 2013 se han paralizado ya más de 600 desalojos.

La obra social de la PAH

La obra social de la PAH es una campaña que se pone en marcha cuando no es posible paralizar el desahucio y se ejecuta la orden de lanzamiento. En una situación de crisis como el actual es inaceptable que, debido a la actuación de las entidades financieras, seamos el país que más desahucia y el que más vivienda vacía tiene. Como no existe un parque de vivienda pública donde realojar a todas estas personas, entendemos que es legítimo recuperar esas viviendas y ponerlas a disposición de las familias. La obra social opera en dos direcciones. Por un lado, la familia entra en el mismo piso del que había sido desahuciada, propiedad ahora del banco. La otra línea de trabajo es a nivel colectivo: familias que ya han sido desahuciadas entran a vivir en un bloque de viviendas propiedad de un banco a causa de la quiebra de una empresa inmobiliaria. En este sentido existen ya siete bloques de viviendas en régimen de obra social: dos en Terrassa, dos en Sabadell, uno en Cerdanyola, otro en Rubí y el último en Girona.

Tanto en la obra social individual como en la colectiva se persigue llegar a un acuerdo con el banco para legalizar la situación mediante un contrato y el pago de un alquiler social por parte de las familias. Un alquiler que en ningún caso sobrepase el 30 por ciento de los ingresos de la unidad familiar, tal y como establece el estándar de Naciones Unidas como precio máximo para garantizar el acceso a una vivienda. Esta campaña pretende hacer efectivo el derecho a la vivienda ante una situación de emergencia y la inacción de los poderes públicos. Una vez ocupado el inmueble, se intenta que la Administración se sume al proceso de negociación entre la PAH y la entidad. Políticamente esta campaña es un instrumento de presión para que el banco malo, que ha comprado miles de activos inmobiliarios a los bancos para sanear sus balances financiados con deuda pública, ponga a disposición de los necesitados ese parque de viviendas. Entendemos que estamos delante de una oportunidad histórica para constituir ese parque de vivienda público y de alquiler que no tenemos y que tanta falta hace.

La ILP como mecanismo de participación ciudadana

La ILP, de la que hemos hablado ya a lo largo de estas páginas, es, como se sabe, un cauce concebido para ampliar los cauces de la política más allá de los partidos y favorecer la participación de la sociedad en la *res publica*. Sin embargo tal y como está planteada en nuestro ordenamiento es un instrumento de limitadísimo alcance. Tras recoger un mínimo de 500.000 firmas sólo contempla la posibilidad de que el Parlamento considere la propuesta. Ni tan siquiera están obligados a debatirla, ya no digamos a aprobarla. Sólo aquellos que hayan llevado a cabo una iniciativa de este estilo comprenden el esfuerzo de organización, despliegue y logística que implica, más para un movimiento sin recursos como la PAH. Cumplimentar una firma requiere de un mínimo de cinco minutos. Nombre, apellidos, DNI, dirección completa del padrón, fecha, lugar y provincia de nacimiento y firma. ¡Ah! Y sin abreviaturas y en mayúscula para que sean válidas. Si cometes un error en algún campo hay que volver a empezar. Cada pliego deber ir firmado por un fedatario, es decir, por una personal que da fe sobre la veracidad de los datos y la autenticidad de las firmas, personas que han sido habilitadas expresamente por la mesa del Congreso previa entrega de la documentación pertinente por parte del grupo promotor que impulsa la iniciativa. La plataforma tramitó la hibilitación de casi tres mil fedatarios distribuidos por todo el país.

Para nosotros, la ILP supone la culminación de un proceso de acumulación de legitimidad y visibilización de las tres demandas de mínimos: dación en pago retroactiva en caso de vivienda habitual y deudores de buena fe, paralización de los desahucios y alquiler social por un periodo de cinco años de las viviendas ejecutadas en manos de las entidades bancarias. Pero, más allá de eso, ganar la batalla de la ILP no sólo supondría una victoria para las familias afectadas, una cuestión de justicia social y una condición necesaria para salir de la crisis: significaría también romper la lógica perversa que imprimen los mercados. Un primer paso para que la sociedad civil recuperara el control democrático de la economía y el timón de la política, en estos momentos secuestrados. La ILP se ha convertido en un auténtico indicador de la falta de legitimidad de unos partidos mayoritarios que gobiernan contra los intereses de la ciudadanía a la que dicen representar. Una ciudadanía que no está dispuesta a dejarse pisotear y que aumenta la presión cada día que pasa.

Escrache

> «En las cartas que hoy les vamos a entregar les explicamos que para nosotros ha llegado un punto de inflexión. La ciudadanía ha tenido unas dosis de paciencia infinita, por la gravedad de los hechos que estamos denunciando, porque hay vidas en juego... Hemos agotado todos los canales... Si en cambio las mayorías parlamentarias insisten en despreciar esa voluntad ciudadana tan clara y contundente estarán legitimando que demos un paso más y aumentemos la presión social. No es un capricho, no tenemos ningunas ganas de estar permanentemente movilizados, tenemos cosas mejores que hacer... Pero no nos queda más opción, las cartas están sobre la mesa, si hay grupos todavía que insisten en despreciar esa voluntad ciudadana se tendrán que enfrentar a que públicamente les señalemos.» (Ada Colau, en nombre de la PAH, en el Congreso)

«Escrache» es una palabra cuyo origen como práctica política se encuentra en la Argentina de la década de 1990. Surgió tras la promulgación de la Ley de Punto Final, que otorgaba impunidad a los que habían torturado, asesinado o hecho desaparecer a ciudadanos durante la dictadura militar presidida por Jorge Videla. Ante el bloqueo de la justicia formal para procesarlos, las victimas de familiares desaparecidos y los torturados se empezaron a organizar para señalar a los culpables. Si no había justicia formal habría justicia social. La acción consistía en ir a sus barrios, sus puestos de trabajo y sus casas para señalizarlos e incomodarlos. El estigma social era el castigo que se les infligía.

Pero cada país y cada realidad son diferentes. En Holanda, por ejemplo, los pacifistas se organizaron para intentar convencer a los diputados sobre la orientación en un sentido determinado del voto en relación a una decisión que tenía que adoptar el Parlamento sobre las armas de largo alcance. Novecientos pacifistas se organizaron para interpelar a unos trescientos diputados. Cada vez que el diputado salía de casa o del Congreso, un pacifista lo esperaba con la intención de abordarlo pacíficamente e intentar convencerlo.

En España el punto de partida es otro. Habiendo agotado todos los cauces que ofrece el sistema, invitamos a los diputados de los grupos parlamentarios contrarios a la ILP a asistir a alguna de las asambleas que se realizan semanalmente en más de 130 ciudades de este país. La invitación se hizo llegar a través de una carta entregada en mano a los grupos parlamentarios en ocasión de la comparecencia en la Comisión de Economía del Congreso el 5 de febrero de 2013. Posteriormente se envió una carta pública a los diputados, que tuvo una amplísima repercusión en los medios. Durante la semana siguiente se les estuvo interpelando personalmente a través de las redes sociales. Entendemos que sólo aquel que no conoce el problema, así como las consecuencias que se derivan de una ley hipotecaria criminal que está destrozando la vida a centenares de miles de ciudadanos, puede votar en contra de la ILP. Los partidos políticos interpelados eran aquellos que o bien se habían manifestado abiertamente en contra, como el Partido Popular, con una mayoría absoluta en el Congreso, o bien no se habían pronunciado al respecto (UPyD, UPN, CIU, PNV y CC). Durante la interpelación virtual, a través de Twitter y Facebook, CIU y CC nos llamaron para informar que no pensaban presentar enmiendas a nuestra ILP. El PSOE, que durante años había estado bloqueando las demandas en el Congreso, había rectificado pocas semanas atrás y aseguraba que no entraría enmiendas para rebajar la ILP.

PP, UPyD, UPN y PNV jamás respondieron a la invitación de asistir a las reuniones para conocer la realidad social de sus conciudadanos. Ante la falta de respuesta, la PAH entendió que era una cuestión de ejercicio profundamente democrático llevar esa realidad social ante los ojos de los diputados cuyas formaciones se negaban a aprobar la ILP. Sin un diagnóstico sobre esa realidad social y sin tener todos los elementos encima de la mesa no se puede apretar un botón del que literalmente depende la vida de miles de personas. La finalidad por lo tanto era informar. Acercar la realidad a unos diputados que muchas veces viven de espaldas a la ciudadanía. Llevar las asambleas delante de sus casas. Que escucharan en primera persona los desgarradores testimonios que escuchamos una y otra vez en nuestras reuniones semanales.

Que escucharan la angustia que sentía Blanca el día 30 de cada mes ante el temor de que el banco le embargara parte del sueldo. Cómo salía a medianoche corriendo hacia el cajero a retirar el dinero. Que escucharan la historia de Lluís, que vivía entre su casa y la caravana que le había prestado un amigo. Con las maletas hechas y los juguetes de su hijo en una bolsa de plástico junto a la puerta de la entrada. Por si las moscas. Por si de golpe y porrazo venía la policía y los desahuciaba. Que también escucharan a Jaume, de 21 años, que tuvo que marcharse de casa porque no podía aguantar los gritos y las discusiones. Porque el dinero que entraba no daba para pagar la letra. Se marchó para no acabar loco. Para no ver a su madre con Diazepan todo el día.

Entendemos que los diputados tienen una gran responsabilidad y que no pueden rehuirla, ni apretar un botón rojo o verde sin saber lo que implica. Apelamos a la conciencia y a la ética individual de cada parlamentario, a pesar de que la disciplina de voto del partido es una regla escrita menudo muy estricta, y que saltarse esa regla implica multas, sanciones e incluso la expulsión. Entendemos que los diputados ostentan unos privilegios de los que los ciudadanos normales y corrientes carecen: jubilaciones aseguradas, impunidad parlamentaria, dietas que no tributan y un sueldo más que digno. Y, sin embargo, esos privilegios pasan totalmente inadvertidos y no están expuestos al escrutinio o control democrático directo de la ciudadanía, más allá de las convocatorias electorales, cada cuatro años. Se comportan como meros autómatas que hacen lo que el partido les indica que hagan, sin responsabilizarse de sus actos ni de sus votaciones. Los interpelamos, sí, también delante de sus casas para que al menos se dignen a respondernos. A decirnos a la cara que es lo que piensan. Para que no se escondan detrás de su partido. Porque ellos, los diputados, también son personas, y también tienen hijos y también tienen familia. Y, por lo tanto, si nos escucharan seguro que nos entenderían.

Estos mismos diputados que ni tan sólo se molestan en contestar a nuestras cartas son los mismos que suelen compartir mesa y mantel con miembros del consejo de administración y con directivos de grandes empresas. Empresas privadas que presionan a los legisladores para que aprueben o no determinadas leyes. Leyes que, demasiadas veces, persiguen los intereses particulares en detrimento del interés general, aunque se vistan como beneficiosas para todos. Como la Ley del suelo de 1997 aprobada por el Gobierno de Aznar y conocida popularmente como la «Ley del todo urbanizable», por ejemplo. Las presiones de estos lobbies suelen ser más elegantes que las nuestras, seguro. Huelen a perfume y se suelen producir en el vestíbulo de un gran hotel o en algún restaurante de lujo.

Nuestras presiones en cambio no tienen ese glamur. Ni se ejercen con sobres.

A nadie se le escapa que la patronal bancaria tiene línea directa con el Gobierno de este país. Sus reuniones y las conversaciones que mantienen están lejos también del escrutinio ciudadano. No son nada transparentes. Nadie se entera de los temas que se discuten en ellas. Y este doble rasero constituye un agravio comparativo injusto y antidemocrático.

Organizarse, el punto de partida

Pero para que todas estas campañas funcionen hace falta organización. Organización a diferentes niveles.

En primer lugar, hay que organizarse localmente e internamente para evitar el caos y la dispersión. Establecer comisiones temáticas de seguimiento de casos, de vídeo, de abogados, de comunicación, de acompañamiento, de acciones. Hay que preparar las asambleas y el asesoramiento colectivo. Evaluar ese asesoramiento y perfeccionarlo para que la información se socialice correctamente y la gente se implique. Los canales de comunicación entre las distintas comisiones tienen que funcionar. También hay que estar anclado en el territorio. Tejer alianzas con los actores y entidades locales, vecinos y asambleas de barrio, así como conocer mínimamente el terreno institucional más inmediato. Servicios sociales, ayuntamiento, oficinas de vivienda... La organización de base es imprescindible para responder rápido a los desahucios o acompañar las negociaciones de los afectados con su sucursal bancaria. Sólo con la proximidad local y el arraigo en el territorio es posible activar las redes de solidaridad y apoyo mutuo.

También hay que organizarse territorialmente y por zonas de influencia geográfica. A medida que el movimiento se va consolidando aparecen nuevos nodos que necesitan la tutela de las plataformas cercanas más veteranas para que transmitan su experiencia y bagaje. En Cataluña existen ya cincuenta plataformas. Coordinar actuaciones, compartir información, estrategias de negociación, contactos y experiencias varias contribuye a crear conciencia de movimiento y ahorra mucho tiempo. En el último año el movimiento ha crecido notablemente, lo que ha obligado a modificar las dinámicas internas. La relación entre las PAH cercanas se ha intensificado exponencialmente. Fruto de esta interacción se han ido desarrollando de manera natural nuevos procesos que apuntan hacia una dimensión más colectiva, con nuevas formas de coordinación y de mayor corresponsabilidad.

Hay organización a diferentes escalas. El creciente número de afectados que asisten a las reuniones hace inviable el seguimiento individual e imposibilita las acciones de acompañamiento caso a caso. De ahí nacen las negociaciones colectivas de la PAH y la organización de afectados en torno a una entidad financiera concreta. La densidad de plataformas en el territorio permite aprovechar las economías de escala y organizarse por entidades.

La de Catalunya Caixa fue la primera negociación colectiva que se abrió. Una especie de prueba piloto. Nació como una necesidad compartida entre las plataformas de Cataluña. El alud de nuevos casos que se acercaban cada semana a la plataforma nos estaba asfixiando. Desbordadas, las PAH locales no podían dar respuesta a todas las personas. Así que durante meses se estuvo planificando el protocolo de la acción y negociación colectiva. Un protocolo que, de todas formas, se ha ido mejorando con la experiencia y la práctica.

Se empezó, como decíamos, por Catalunya Caixa. El número de personas afectadas en Cataluña por esta entidad es muy voluminoso. El 5 de noviembre de 2012 llevamos a cabo una primera acción. Más de trescientas personas ocupamos la sede de la entidad bancaria en Barcelona, un edificio modernista precioso situado en Via Laietana, en el casco antiguo, cerca de la catedral. Con esa primera acción no aspirábamos a arrancar ninguna dación en concreto. Pretendíamos cambiar las reglas de juego de las negociaciones. Queríamos interlocutores válidos y con mandato para tomar decisiones. Que no cambiaran las personas de referencia cada tres días. Queríamos abrir unos cauces regulares de negociación y desbloquear las hipotecas titularizadas. Dejar por escrito y meridianamente claro la relación de los documentos que tenían que aportar las personas afectadas para que no nos marearan con papeles. Establecer una frecuencia en las reuniones y que se parasen los desahucios programados.

Para hablar de todo ello habíamos solicitado reunirnos con el presidente de la entidad, Adolf Todó. Hasta que no habláramos con él no nos iríamos. Centenares de personas aguardamos así en el interior de la sede. Sentados. Con los brazos en alto. Con pancartas de «Este banco engaña, estafa y echa la gente de su casa» por doquier. Por las redes sociales íbamos narrando minuto a minuto la acción. Cada vez había más gente que se acercaba para dar su apoyo. Se agolpaban en la puerta de la entrada principal, que habían cerrado para impedir el paso hacia el interior. Los coches que pasaban por delante, al ver las camisetas verdes y las pancartas de «Stop desahucios», hacían sonar el claxon en señal de solidaridad. Producían un ruido ensordecedor que llegaba hasta el interior.

Nos ofrecieron hablar con un responsable del departamento jurídico. No aceptamos. Queríamos cambiar las reglas del juego, y eso era una decisión política, no jurídica. Subieron la calefacción. Hacía un calor insoportable. Sin embargo, la decisión era firme. No pensábamos marcharnos. Llamaron a los Mossos d'Esquadra. La situación se tensaba. Estábamos preparados para un desahucio masivo. Tendrían que arrancarnos uno a uno. Había personas de todas las edades y condiciones. También personas mayores. Pero a Catalunya Caixa no le interesaba un desahucio de esas características, y menos en aquellos momentos. Unas imágenes de ese tipo por televisión podían ser muy dañinas para la entidad que estaba sumida en pleno proceso de subasta. Así que el ruido les molestaba.

Finalmente accedieron. Nos ofrecieron hablar con el secretario del consejo de administración de la entidad, Joan Ràfols. Aceptamos. También asistió uno de los máximos responsables de los servicios jurídicos, Ignasi Fernández. Al día siguiente, Catalunya Caixa emitió un comunicado público en el que se comprometía a paralizar los desahucios programados. De esta manera se establecieron unos cauces para la negociación colectiva. Cada PAH asignaría un representante, una persona de confianza elegida por los afectados que hubiera de Catalunya Caixa de cada plataforma. Esta persona se encargaría de hacer el seguimiento de los casos y defenderlos ante el interlocutor de Catalunya Caixa. A la vez, los «representantes» de cada PAH se reunirían periódicamente para tener una radiografía global y analizar el estado y la evolución de las negociaciones. Si las negociaciones no avanzaban a buen ritmo se convocaría una nueva acción masiva en la central. En general este nuevo método ha funcionado satisfactoriamente. Desde entonces se han conseguido firmar decenas de daciones y alquileres sociales, que hasta la fecha estaban bloqueados. Las negociaciones siguen abiertas y en permanente revisión. La misma lógica se ha trasladado y extrapolado para el resto de entidades.

Más allá de campañas locales como la que acabamos de explicar, el movimiento debe también organizarse por objetivos de mayor alcance. La vertebración se consigue mediante campañas como la ILP o, en estos momentos, el escrache. Los objetivos de estas iniciativas apuntan en última instancia a incidir políticamente para cambiar las leyes actuales

Los medios de comunicación, canal imprescindible

Desde el principio, la PAH tuvo muy claro que si quería cambiar las leyes tenía que hacerse un hueco en la agenda mediática y visibilizar una problemática que hasta la fecha estaba completamente silenciada. A la vez, salir en los medios posibilitaba a la plataforma llegar a más gente. Miles de familias estaban pasando por momentos muy críticos, y no sabían qué hacer ni a quién acudir. Así que el objetivo era dar a conocer la existencia de la plataforma, denunciar la problemática y trasladar nuestras propuestas utilizando todos los canales existentes. Había que llegar por tierra, mar y aire a todas las casas. Había que comunicar la dureza de la realidad cotidiana y la injusticia de una ley criminal, al tiempo que se lanzaba un mensaje de optimismo que dijera que el futuro no estaba escrito.

Desde el inicio sabíamos que para conquistar el derecho a una vivienda digna había que ganar, poco a poco, hegemonía cultural. Sin una transformación en el imaginario colectivo, no había cambio posible. Y, para ello, era fundamental trabajar con los medios de comunicación de masas. Durante décadas nos habían inculcado la idea que la vivienda era un negocio, y no un derecho. Incluso la especulación inmobiliaria estaba bien vista. Ése era el substrato del que partíamos y el sentido común predominante. Revertir el imaginario popular con los nulos medios que teníamos a nuestro alcance era un reto que pasaba por aprovechar todas las grietas posibles y conectar con la gente.

Rompiendo el muro del aislamiento

Poner voz al drama de las ejecuciones hipotecarias no fue sencillo. En primer lugar porque en 2009 no era tan fácil encontrar personas que quisieran salir públicamente y explicar lo que muchos percibían como un fracaso personal. El sentimiento de culpa asociado al proceso estaba muy enquistado. Dar la cara significaba a ojos de los afectados aceptar delante de todo el mundo que su proyecto de vida había fracasado. Sin duda, en la sociedad de opulencia en la que vivimos aceptar la precariedad de tu situación y desnudar tus penurias ante la opinión pública está fuertemente penalizado. Decir de forma pública que no puedes hacer frente al pago de tus deudas conlleva una estigmatización. Reconocer tus debilidades en un mundo que te obliga a ser fuerte no está bien visto. En un país donde muchos pensaban que se había erradicado el hambre, convertirse en pobre tenía un impacto psicológico devastador en las familias. No es de extrañar, por tanto, que fuesen los inmigrantes los que en un principio acudieran en masa a las asambleas y fueran los primeros en poner rostro a las estadísticas, y eso a pesar de que el impago de hipotecas afecta en casi un 70 por ciento a familias autóctonas, según una encuesta de la PAH realizada a más de 12.000 personas afectadas.

Hay tres motivos que ayudan a entender esta situación. Cuando estalla la crisis, los primeros que se quedan sin empleo son los peones del sector de la construcción, mayormente inmigrantes. Los inmigrantes carecen además de una red familiar que actúe como amortiguador en tiempos de crisis y dificultades económicas. Al mismo tiempo, los que emigran a otro país en busca de un futuro mejor para ellos y para sus hijos huyen en muchas ocasiones de una situación de precariedad y pobreza. De alguna manera, el impacto psicológico y la vergüenza asociados al proceso es menor.

Por eso, muchos de los primeros rostros que aparecen en los medios para hablar del tema son de origen inmigrante. Sin embargo, a medida que el trabajo en comunidad de la PAH confiere una dimensión colectiva y estructural al problema, el muro de aislamiento y el sentimiento de culpa se resquebrajan. Cada vez son más los testimonios dispuestos a hablar y ponerse delante de las cámaras. Poco a poco se va perdiendo el miedo.

Omertà *inicial: el miedo de los medios*

Al principio, las apariciones en los medios se suceden en cuentagotas. La prensa se muestra abierta a recoger el testimonio de los afectados, pero reacia a hablar de las causas que hay detrás de la tragedia, y más aún a hablar de responsabilidades. En el momento que se cita el nombre propio de las entidades financieras, se interrumpe la entrevista y desvían la atención hacia otros temas. Los bancos parecen intocables y se percibe una autocensura que costará desbloquear. Sólo el tiempo, la valentía de los afectados y la legitimidad que va adquiriendo el movimiento harán a los medios más permeables. Pero, aun así, no acostumbran a hacer referencia expresa al nombre de las entidades. Con la única excepción de aquellos bancos o cajas que ya están amortizadas, nacionalizadas o cuyo desprestigio es absoluto, caso de Bankia o Catalunya Caixa. Entidades que lo más seguro cambiarán de nombre a medio plazo. En cambio, es muy difícil leer o escuchar referencias negativas referidas a entidades como Santander, BBVA o la Caixa, a pesar de que según una encuesta de la PAH a más de 12.000 personas, son de las que más procesos hipotecarios han iniciado.

La PAH sin fronteras

Sin lugar a dudas la campaña «Stop desahucios» ha contribuido de manera decisiva a visibilizar la violencia estructural del sistema contra las familias. Poco a poco la lucha contra los desahucios ha cobrado protagonismo, generado titulares y traspasado fronteras: *The Washington Post, The New York Times, The Guardian,* Al Jazeera, CNN, *Financial Times, La Repubblica, Le Monde*... Medios de todas partes han cubierto el drama de las ejecuciones hipotecarias. Los desahucios se han convertido a los ojos del mundo entero en la cara más amarga y visible de la crisis en España. A título de ejemplo sirvan estos tres titulares: «In Spain, Homes Are Taken but Debt Stays» («En España, se llevan las viviendas pero la deuda se mantiene», *The New York Times,* 27 de octubre de 2010), «Faute de moyens pour se loger, des Espagnols tentent d'obtenir un appartement à prix réduit par tirage au sort abonnés» («Por falta de medios para alojarse, los españoles intentan obtener un apartamento a precio reducido por sorteo», *Le Monde,* 7 de diciembre de 2010), «Ada Colau becomes voice of outraged Spanish homeowners» («Ada Colau, convertida en la voz de los indignados propietarios de viviendas españoles», *The Washington Post,* 8 de marzo de 2013).

El punto de máxima visibilidad para el movimiento se alcanza tras la comparecencia de la PAH en el Congreso. De las redes a los medios, el efecto de la comparecencia se multiplica y la plataforma copa portadas en los periódicos a una semana del debate sobre la aceptación a trámite de la ILP. Habituados a navegar durante cuatro años a contracorriente y en los márgenes, por primera vez el viento sopla a favor. Incluso las editoriales de los grandes medios, conscientes de la creciente simpatía que despierta el movimiento entre sus lectores y la opinión pública en general, se suman al clamor de la calle. Así, el 13 de febrero de 2013 *El País* titula en portada: «La presión popular obliga a Rajoy a debatir la iniciativa antidesahucios». Según *El Mundo,* «El PP rectifica y acepta debatir la dación en pago». Desde otra perspectiva, *ABC* destaca que «El PP evita otra guerra con la calle y admite debatir la dación en pago». *La Vanguardia* destaca a toda página en portada que «El PP cede ante la presión social contra los desahucios». Para *El Periódico*, el titular es «Sí se puede: El PP rectifica y admite que el Congreso tramite la iniciativa popular sobre la dación en pago» y lo acompaña con una foto del momento en que somos expulsados de la tribuna de invitados del Congreso por gritar «¡Sí se puede!». *La Razón* encabeza su información subrayando que «El PP cambia su postura y apoya la iniciativa contra los desahucios». *La Gaceta* dice que «El PP permite tramitar el texto ciudadano contra los desahucios». Según *Cinco Días*, «El PP rectifica y apoya tramitar la iniciativa popular sobre desahucios». Por último, *El Economista* titula que «El PP cambia de postura y permite que se debata la dación en pago retroactiva».

La mentira como arma política

La movilización contra los desahucios se ha convertido en una amenaza para las élites políticas y económicas del país. De modo que la luna de miel entre las editoriales de los grandes grupos mediáticos y la PAH tenía fecha de caducidad. Del cielo al infierno en cuestión de semanas. La excusa: el escrache, la nueva campaña de la PAH diseñada para trasladar la realidad social y el testimonio de personas afectadas por procesos de ejecución hipotecaria y desahucio hasta los puestos de trabajo, actos públicos y barrios donde se encuentren los diputados del PP.

La mecha se enciende el miércoles 30 de marzo de 2013 tras la visita de los compañeros de Valencia a la casa de Esteban González Pons, diputado del Congreso y vicesecretario general del PP. La acción se desarrolla con total normalidad y sin ningún tipo de incidente. Los activistas de Valencia realizan un pasacalles por el barrio informando a los comercios sobre el estado en el que se encuentra la iniciativa en el Congreso y repartiendo pegatinas con el «Sí se puede» hasta plantarse frente a la casa del diputado. Delante del portal varias personas amenazadas de desahucio aportan, megáfono en mano, su testimonio. Acto seguido un par de personas suben al rellano de González Pons, acompañados por medios de comunicación y pican al timbre tres veces educadamente y con mucho respeto. Como no hay nadie en casa, deslizan por debajo de su puerta una carta invitándole a que se ponga en contacto con el colectivo y se marchan. Es un día laborable, así que las posibilidades de encontrar al señor González Pons son remotas. Las personas afectadas desean relatar la situación que atraviesan en su presencia y entregarle en mano las cartas que han escrito. Cartas que muestran que detrás de las ejecuciones hay seres humanos. Vidas que se rompen.

Al cabo de media hora, González Pons, que se encuentra en Madrid, llama al programa de televisión «Las mañanas de Cuatro» y entra en directo en antena denunciando que habíamos estado aporreando la puerta de su casa durante 45 minutos al grito de asesino y que sus hijos menores se encontraban tras ella. Cerró su intervención en el programa puntualizando que «alguno de sus contertulios sabe que en el País Vasco se han vivido coacciones similares durante mucho tiempo». A partir de ahí, el bulo corre como la pólvora. La mayoría de medios no se cuestionan la posibilidad de que González Pons no esté siendo fiel a la verdad de lo ocurrido. Dan por buena su versión sin apenas contrastarla. La polémica está servida. «Acoso salvaje» y «violencia callejera» son algunas de las portadas con las que *ABC* y *La Razón* salen a la calle al día siguiente. Algunos programas televisivos de la mañana que hasta hace pocos días nos trataban con respeto y deferencia, no dudan en echarnos a los pies de los caballos. El escrache es presentado ahora como acoso, linchamiento y amenaza. Antena 3 y Levante TV, que habían sido testigos de lo ocurrido en casa del diputado González Pons y habían filmado todo cuanto allí había sucedido, no difundieron las imágenes hasta al cabo de cuatro días. Demasiado tarde.

Los excesos verbales de una delegada del Gobierno

El lunes 25 de marzo de 2013, en declaraciones a RNE, la delegada del Gobierno en Madrid, Cristina Cifuentes, recoge el relevo de González Pons y, refiriéndose a Ada Colau, manifiesta: «La coacción es un tipo de violencia que resulta incompatible con nuestro sistema democrático... Me resulta muy llamativo que esa *lideresa*, que está liderando ese grupo supuestamente en defensa de los desahucios —yo creo que en realidad allí hay intereses de otro tipo—, bueno pues, últimamente parece que tienen también ciertas inquietudes de apoyos a grupos filoetarras o proetarras». Gravísimas acusaciones que lanzó sin ningún tipo de prueba. El día siguiente medio matizó sus declaraciones con una ambivalencia claramente intencionada. El siguiente turno fue para Antonio Basagoiti. El presidente del PP en el País Vasco afirmó que las plataformas actuaban como los de la *kale borroka*: «No se ve ninguna diferencia ni en los gritos ni en la actitud ni en el fondo entre los que venían del mundo de ETA a acosarnos y los que van ahora con la excusa de las hipotecas a acosar a los del PP».

Las declaraciones de Cristina Cifuentes, de una irresponsabilidad inadmisible en una persona que ocupa un cargo con competencias en materia de seguridad y que entre sus funciones se encuentra velar por el orden público, provocaron un alud de críticas y comunicados de apoyo a la PAH por parte de organizaciones sociales, sindicales y vecinales. La Asociación Catalana de Víctimas de Organizaciones Terroristas (ACVOT) exigió su dimisión inmediata y la acusó de banalizar e instrumentalizar el terrorismo con fines partidistas con el único objetivo de criminalizar un movimiento ciudadano. El presidente de la ACVOT, José Vargas, le pidió textualmente «que se fuera a casa», que insinuar que la PAH tenía algo que ver con el entorno etarra «está fuera de lugar» y que sus declaraciones eran una «falta de respeto» a las víctimas de la violencia de la organización terrorista. Vargas tachó las palabras de la delegada de «alucinantes», para puntualizar acto seguido que la PAH «se dedica a luchar en contra de los desahucios» y no tiene «nada que ver» con el terrorismo. «No han matado a nadie. Lo que hacen es reivindicar los derechos de los ciudadanos», precisó. Según el presidente de la ACVOT, la delegada del Gobierno en Madrid lanzaba esas gravísimas acusaciones para justificar la «falta de rigor y seriedad» de los gobernantes, que tendrían que dedicarse, a su juicio, a legislar en favor de los ciudadanos y no a decir «tonterías».

Y es que detrás de las amenazas del mundo etarra había una pistola, mientras que detrás de los escraches de la PAH hay pegatinas con el «sí se puede» estampado en un círculo y cartas de los afectados explicando su situación. Por otro lado resulta curioso que no se hayan visto portadas en los periódicos denunciando las amenazas, coacciones y extorsiones que reciben los afectados por parte de las entidades bancarias. Al fin y al cabo, detrás de esas amenazas sí hay un cuerpo armado que llegado el día tumbará la puerta de tu casa y te sacará de ella por la fuerza amparado por una ley que se ha revelado manifiestamente ilegítima y cuya legalidad ya ha sido cuestionada también por el Tribunal Europeo.

Las reacciones de indignación en la red tras las incendiarias declaraciones de la delegada del Gobierno fueron inmediatas. También circularon viralmente numerosos tuits que preferían encajar estas salvajadas en clave de humor: «¿Qué es ETA?, dices mientras clavas en mi pupila tu pupila azul. ¿Qué es ETA? ¿Y tú me lo preguntas? ETA eres tú», decía @humorindignado.

No nos cabe duda de que las irresponsables insinuaciones de esta responsable política, que incitaban al odio y a la crispación, calentaron los ánimos de algunos, pocos, descerebrados, que envalentonados por sus declaraciones, aprovecharon el anonimato de la red para amenazar de muerte a las caras más visibles del movimiento y a sus familias.

El PP contra el pueblo: acoso y derribo a la PAH

Cuando, de golpe, miembros destacados de un partido con mayoría absoluta empiezan a soltar barbaridades de este calibre con total impunidad, la primera reacción que uno tiene es de estupor e incredulidad. A principios de 2013 ni tan siquiera existíamos para ellos. Durante años nos habían ninguneado y habían rechazado reunirse con nosotros. Desde la hilarante frase que del diputado Teodoro García en el pleno del Congreso afirmando que la Plataforma de Afectados por la Hipoteca y el PP iban cogidos de la mano tan sólo había transcurrido un mes. De repente nos señalaban como el enemigo número uno y nos convertían en la diana de las peores calumnias, mentiras y difamaciones. La maquinara mediática más afín a los populares, como *ABC*, *La Razón*, Intereconomía, *La Gaceta* o *Libertad Digital* se puso en marcha. Ya lo decía Mahatma Gandhi, «primero te ignoran, después se ríen de ti, luego te atacan, entonces ganas». El problema es que todavía nos encontrábamos en la tercera etapa. La campaña de criminalización era una campaña clásica y parecía extraída de un manual al uso.

¿Quiénes son los radicales?

No han tenido pudor en calificar a un movimiento en el que participan miles de familias afectadas por desahucios de grupo de personas radicales antisistema cuyo objetivo es desestabilizar al país y generar el desorden público y el caos, sin darse cuenta de que es el propio sistema el que expulsa y deja fuera de circuito a centenares de miles de personas. Curioso. Un 90 por ciento de la población exige un cambio en las leyes, pero no se dan cuenta de que los radicales son el 10 por ciento restante que se obstina en mantener los privilegios de una minoría.

«Todos los españoles tenemos derecho a una vivienda digna y adecuada, los poderes públicos promoverán las condiciones necesarias y establecerán las normas pertinentes para hacer efectivo este derecho.» Esta frase está extraída literalmente del artículo 47 de la Constitución española. A juzgar por lo que dice, uno se pregunta si nuestros poderes públicos, en una situación de emergencia habitacional y crisis profunda como la que estamos atravesando, hacen todo lo posible para que las familias no se queden en la calle.

Otra acusación —una variante moderada del «¡que vienen los radicales!»— que también se ha insinuado desde la filas populares es la que define a la PAH como de submarino del PSOE. Pero PP y PSOE son igualmente responsables de la burbuja inmobiliaria de la década 1997-2007 y en este país no habrá democracia mientras haya impunidad y hasta que los responsables no sean juzgados por lo que han hecho. El escrache no se puede analizar de manera aislada, descontextualizada y sin tener en cuenta los objetivos de la campaña. El escrache pretende informar y persuadir a los diputados contrarios a la ILP y que tienen la llave del Congreso para que ésta finalmente se apruebe. Además, por cínico y oportunista que nos parezca, el PSOE, al igual que CIU, PNV o CC, ha afirmado públicamente que no piensa presentar enmiendas, respetando así las demandas de los afectados. Por otro lado resulta grotesco atacar en esa línea. Gran parte del éxito del movimiento se basa precisamente en su pluralidad. En la riqueza de su composición. La PAH es transversal. Una constelación que aúna sensibilidades de diferente índole. En ello radica su fortaleza. La PAH es independiente y apartidista. Habla de y critica a los partidos en función del posicionamiento de éstos en relación a los objetivos recogidos en nuestro manifiesto. Defendemos el derecho a una vivienda, ese mismo derecho que consagra el citado artículo del texto constitucional. Un derecho que tienen todos los ciudadanos. Por este motivo la PAH no mira ni el DNI, ni el origen, ni la afiliación o simpatía política de los afectados que acuden a las reuniones. Y ellos lo saben. No son pocos los votantes del PP que han recurrido a las plataformas. Lo sabe perfectamente María José Gómez, casada y con dos hijos y concejala del PP del pequeño municipio alicantino de Rafal. El desahucio que tenía fijado para julio de 2012 se paralizó gracias a la rápida actuación de la PAH. Fruto de las negociaciones que abrió la plataforma con la CAM a día de hoy María José continua viviendo en su casa y paga 375 euros de alquiler cada mes.

Difama que algo queda

Para desacreditar al movimiento han escarbado en nuestro pasado, satanizado nuestro trabajo y buceado en nuestra familia. Nos han desnudado como pocas veces se denuda la intimidad de un político. Algunos de los portavoces de la plataforma, aquellos que durante los últimos meses hemos estado más expuestos a los medios, hemos sido objeto de los ataques más descarnados.

La estrategia es evidente. En primer lugar se intenta simplificar el movimiento. Si consiguen identificarlo con una sola persona, será más fácil destruirlo. Si se restringe el campo de actuación será más fácil atacarlo. De esta manera intentan personificar para luego desacreditar a la cara. Así se referían algunos titulares de prensa al movimiento: «La plataforma de Colau insta en su web a acosar a los diputados del PP», rezaba la portada de *La Razón* el 22 de marzo de 2013. «Una diputada del PP denuncia la plataforma de Colau», decía *Libertad Digital* el 25 de marzo. Dos días después, *La Gaceta* publicaba en portada: «Desenmascarada. La Policía confirma la presencia de grupos violentos de ultraizquierda en la Plataforma Antidesahucios que lidera Ada Colau». *Libertad Digital* volvía a la carga el 29 de ese mismo mes con «La plataforma de Colau aumentará su campaña de acoso a cargos del PP».

Luego llega el ataque personal, con mentiras o medias verdades deformadas sobre la vida privada de la portavoz más visible. Lidera el ataque *ABC*, con titulares como «La ONG de Colau recibe 3,7 millones de euros en subvenciones» (26 de marzo). La única realidad de partida es que Ada Colau trabaja en una ONG, el Observatorio DESC. No es propietaria de la ONG, como el titular insinúa. Además, los «millones de euros» a los que se refiere *ABC* son subvenciones gestionadas durante una década y el 80 por ciento de ese dinero va directamente a países de América Latina en el marco de proyectos de cooperación al desarrollo. La entidad es una asociación pequeña, con una estructura muy reducida, que accede a subvenciones igual que otras miles de ONG a través de convocatorias públicas perfectamente reguladas y auditadas. Pero en realidad el objetivo de estos medios de desinformación no es tanto el difamar a una persona en concreto: se trata de un aviso a navegantes. El mensaje subliminal es: «quien se atreva a defender los derechos y se haga visible, será atacado personalmente»; los medios afines al régimen amenazan con una guerra sucia, por si acaso más gente tuviera tentaciones de organizarse para cambiar las cosas. Juegan con miedos ancestrales enraizados en la dictadura franquista, aún muy reciente en el imaginario colectivo. Parecen decir: «No te busques problemas, o podrías acabar muy mal. Mejor quédate en casa tranquilo».

A las ya reseñadas palabras de Cristina Cifuentes, jaleadas por algunos cargos electos del Partido Popular y amplificadas por la *Brunete mediática*, habría que añadir las que nos dedicó el consejero de Justicia y portavoz del Gobierno de la Rioja, Emilio Del Río desde su cuenta oficial de Twitter, @emilio_delrio, el pasado 4 de abril de 2013: «Nazis, comunistas, franquistas... Ahora... Ada Colau".

Piensan en la PAH como en una estructura clásica al uso. Pretenden desgastar y desacreditar las caras más visibles del movimiento para acabar con él. Pero la PAH no es una organización jerárquica. Por ello no pueden descabezarla. La realidad es que la PAH está organizada en red y concebida para que se replique con facilidad. La PAH es más compleja de lo que parece. Va de lo individual a lo colectivo, no al revés. Su mayor fortaleza radica en el trabajo cotidiano que se lleva a cabo localmente. Su mayor activo, los lazos de solidaridad que se forjan entre las personas en el fragor de las asambleas que se dàn semanalmente en los más de ciento treinta nodos esparcidos por todo el territorio. Por lo tanto, hablamos de una organización de base, que no es tan fácil desarmar. Así que, si pretenden desarticular el movimiento, apuntan hacia el blanco equivocado. No basta con tres portadas y unas cuantas columnas de opinión. Tendrán que esforzarse un poco más si quieren acabar con un movimiento que cree en la inteligencia colectiva.

Las instrucciones distribuidas por el Ministerio del Interior el día 28 de marzo de 2013 a todas las comisarías, ordenando a la policía que identificase y detuviese a aquellos ciudadanos que participasen de los escraches a políticos suponen un nuevo escalón en esta espiral de criminalización. El portavoz del Sindicato Unificado de Policía (SUP), José María Benito, calificó de barbaridad la orden, que también motivó un comunicado muy duro por parte del colectivo Jueces para la Democracia.

Ni las mentiras ni los ataques indiscriminados ni los montajes ni las asociaciones perversas y las declaraciones irresponsables de algunos cargos públicos han servido para aislar a la PAH ni minar su legitimidad. El barómetro de confianza institucional publicado por *El País* el 7 de abril de 2013 sitúa la Plataforma como una de las instituciones mejor valoradas por los españoles.

A pesar del empeño por identificar los escraches nada menos que con los nazis que asesinaron a millones de judíos o con el acoso de ETA, la campaña de la PAH cuenta con un respaldo masivo. Un sondeo de Metroscopia, publicado el 8 de abril tras los escrache a una veintena de diputados entre los que se encuentran Mariano Rajoy, Esteban González Pons, Soraya Sáenz de Santamaría, Alberto Ruiz-Gallardón, Jorge Fernandez Díaz, por citar sólo algunos, no deja lugar a la duda: el 78 por ciento de los ciudadanos está de acuerdo con la campaña impulsada por la PAH y considera que este tipo de protestas son un derecho amparado por la libertad de expresión; casi el 70 por ciento de votantes del PP los apoya, pese a que los dirigentes de este partido son su principal objetivo.

La delgada línea roja

Incluso desde las tribunas de la prensa más moderada no han podido evitar dejarse arrastrar por el lenguaje y el tono de la prensa más casposa. Suena la sirena. Firmes y cierren filas. El 27 de marzo de 2013, el director de *El Periódico*, Enric Hernández, escribía un artículo de opinión titulado «Escrache: el averno de la barbarie». El 8 de febrero, desde la misma tribuna, había titulado: «Colau, la democracia es el límite».

De nada sirve una trayectoria impecable que hasta hace dos días no dudaban en premiar y poner como ejemplo de una sociedad civil que no se resigna y lucha por sus derechos. Algunos editoriales y columnistas, tras las primeras acciones de escrache, han llegado a hablar de líneas rojas. Aunque no hayan vivido ni seguido de cerca las acciones de protesta. Por si acaso. Sin embargo, y a medida que la campaña ha ido avanzando, el rey ha quedado al desnudo. Poco a poco se va evaporando esa cortina de humo y montajes que desde la caverna habían fabricado. Y tras el ruido, vuelve la cruda realidad. Familias que lo pierden todo y a las que sólo les queda luchar por recuperar la dignidad que les han robado. Pasa la tormenta y esa misma prensa matiza y recula disimuladamente. Pasada de frenada y marcha atrás. Allí queda, en las hemerotecas, para quien las quiera consultar. Palabras escritas que no se lleva el viento. Y es que el tiempo sitúa a cada uno en su sitio. No hay que olvidar que al igual que los partidos políticos dependen en última instancia de un electorado que les vota, la prensa depende de unos lectores que la lee. Y si se aleja mucho de lo que piensan, puede que algún día la dejen de comprar. Y eso es un mal negocio.

Muchos de esos lectores piensan, ciertamente, que estas líneas rojas hace tiempo que ya se han traspasado. Pero no precisamente por los escraches de la PAH. Se traspasan cada vez que la patronal bancaria llama al Gobierno y les marca la línea hasta donde están dispuestos a ceder. Curioso el doble rasero y la flexibilidad del lenguaje. Lo que para el común de los mortales es un chantaje en toda regla, una coacción que se ejerce en la sombra, para otros pocos, los de siempre, constituye un acto de responsabilidad. Esa línea roja también se rebasa cada vez que una madre recicla los pañales de un niño, vierte agua en la leche o remueve el contenedor de basura buscando comida. En cambio, eso no se refleja en portadas ni activa las voces oficiales de alarma. Y ocurre cada día, mientras otros se dedican a juzgar la calle desde lo alto de sus balcones. Sin pisarla. Qué rabia da escuchar a los progres echarnos la bronca desde el atril de su despacho. Ese tono condescendiente de a quien no le va nada. Ese mirar por encima del hombro. Esas medias tintas. Esos chaqueteros que nunca se mojan y siempre se apuntan al carro de lo políticamente correcto. Los que nunca arriesgan. Los que nunca pierden. Pero tampoco ganan.

De la misma manera, sería injusto si no reseñáramos algunos de los muchos artículos que, ante el acoso mediático, rompieron una lanza a favor del movimiento. Son muchísimas y muy diversas las personas y profesionales que han seguido atentamente la trayectoria del movimiento. Y que en él han confiado y lo siguen haciendo. Sin ánimo de ser exhaustivos, destacamos un artículo publicado en *El País* el 6 de abril de 2013 por el exfiscal jefe del Tribunal Superior de Justicia de Cataluña, José María Mena, titulado «Lobbies y escraches», cuyo fragmento final dice: «En resumen, ni el *lobbismo* es necesariamente tráfico de influencias, ni los escraches son necesariamente coacciones. Son un ejercicio del derecho a la participación directa en la vida política. Y a quien le molesten, debe soportarlos. Le va en el sueldo».

O el sobrecogedor artículo «Escrache de trabajo, casa y cena», de la escritora Cristina Fallarás, que ha vivido en sus propias carnes la violencia del procedimiento hipotecario. Aquí un pequeño fragmento: «Éramos tan simpáticos cuando recibíamos los palos de la policía levantando las manos en las plazas. Éramos tan comprensibles cuando a su violencia, su puñetera violencia económica, cotidiana y bestial, todo lo que oponíamos era nuestra presencia en silencio».

O el que nos regaló Maruja Torres en *El País* del 28 de marzo y que tituló «Escrache»: «Somos muchos los que no hemos salido del armario de nuestra ira individual. Pero los cazos casi hierven, aunque todavía no sepamos en qué momento abandonaremos nuestras cocinas para ir a depositar las rebeldías en el caldero común. Un caldero que hay que verter, claro que sí, a las puertas de los responsables».

O este otro en *El País Semanal* del 7 de abril, encabezado como «Escrache y represión»: «Primero se quedaron con la democracia, luego fueron a por el país y, más tarde, aprovechando que sus propias leyes y cortapisas les favorecían, se agarraron a la impunidad. No contentos con ello, cuando gente indignada —nunca la suficiente, pero sí la bastante para empezar a levantar cabeza— les afeó en la cara su comportamiento, haciéndoles escrache, a esa gente la llamaron fascista, ellos, que vienen de una buena cepa, y la llamaron pro-ETA, ellos, que creen que la libertad es un reloj de cuco que sólo asoma cuando le dan cuerda desde la superioridad».

Los debates televisivos, necesarios aunque no nos representan

A pesar de la apuesta por los canales de comunicación propios y de la existencia de redes sociales que permiten interactuar y comunicar directamente sin tener que pasar por el filtro y formato que nos proponen los medios convencionales, es evidente que existe una brecha digital intergeneracional y que no todo el mundo tiene acceso a internet. Por ello, la política que hemos seguido desde el principio ha sido la de aprovechar al máximo los potentes altavoces que ofrecen los medios. Obviamente estableciendo límites. Por ejemplo, dejamos muy claro que la PAH no es una fábrica de casos. Entendemos que las historias personales sirven de hilo conductor, pero nos negamos a que se trafique con la miseria humana. No aceptamos que se atente contra la dignidad de las personas. Una cosa es denunciar una injusticia a través de un caso concreto. Otra muy distinta es hacer espectáculo de la miseria. Seremos pobres, pero somos dignos. Y eso tiene que quedar reflejado. Tampoco atendemos a todos los medios ni vamos a todos los programas.

Tras la comparecencia en el Congreso, la PAH se ha convertido en un actor de radiante actualidad. Ha despertado el interés de mucha gente. Los telespectadores quieren saber más sobre la lucha y la labor de la plataforma. Y eso, en el negocio de la tele, tiene un precio. Un precio que obviamente la PAH no cobra emitiendo una factura. Sino que lo utiliza para conseguir entrevistas y condicionar formatos más justos.

A pesar de que el 90 por ciento de la población apoya las acciones y las demandas de la plataforma, en la inmensa mayoría de debates y tertulias solemos estar en inferioridad numérica. En este sentido, estos debates no son democráticos. Existe una manifiesta desproporción entre la opinión de la mayoría de tertulianos que intervienen en el debate y el sentir mayoritario de la población. Se traslada así a los espectadores una falsa percepción sobre la realidad. Pues bien, devenir protagonistas de la actualidad política nos ha dado un mayor margen para negociar intervenciones y equilibrar la relación de fuerzas encontradas. Exigir formatos menos parciales. Aun así, siempre te la pueden colar. Por ejemplo, en un debate sobre los escraches del programa «La Sexta Noche», había ocho invitados. De esos ocho, dos estaban a favor del escrache (portavoces de la PAH) y seis en contra, entre ellos Carlos García, concejal del PP en Elorrio (Vizcaya). A pesar de la encerrona, los que eran mayoría salieron cabizbajos y sin argumentos. Además, los tertulianos habituales de estos programas cobran para polemizar. Y en ocasiones piensan lo que la dirección del programa quiere que piense. Modulan sus intervenciones según convenga. El objetivo es encender el debate. Cuanto más crispado, más audiencia. Como pequeña reflexión, no deja de sorprendernos que, a mayor número de canales disponibles, menor es la pluralidad existente.

Sin duda, esta política comunicativa entraña ciertos riesgos. Sabemos que jugamos en campo contrario. No hay que olvidar que estos grupos mediáticos responden a la lógica del beneficio y no al interés general. Forman parte de la estructura de poder. Sus consejos de administración están participados por empresas que marcan la línea y supervisan los guiones. A la vez, la sostenibilidad económica del medio, sobre todo el audiovisual, depende de los ingresos publicitarios de grandes empresas, incluidos los bancos, que influyen y condicionan la libertad de prensa, ya sea de manera directa o bien mediante la autocensura. Además, muchos de ellos están fuertemente endeudados, y la supervivencia del medio depende de las condiciones de refinanciación que consiga. Difícilmente morderán la mano de quien les da de comer. Por eso, detrás de cada editorial hay que preguntarse quién hay.

Pero de la misma manera que estos grupos empresariales responden a unos intereses determinados, también hay periodistas que trabajan en ellos que creen en su oficio. Personas íntegras que no se dejan amedrentar ni condicionar fácilmente, que defienden con dignidad su labor y que creen en el derecho de los ciudadanos a ser informados. De hecho, aunque no lo parezca, son mayoría. Muchos de ellos se han acercado a las asambleas y han conocido de primera mano la injusticia de una ley hipotecaria criminal y el drama de los desahucios. Muchos de estos periodistas han escrito crónicas y artículos que han contribuido de manera decisiva a situar la problemática en la agenda política y social del país. Estos grandes profesionales son también nuestros aliados.

Ésta es la sociedad mediatizada en la que vivimos. Éste es el terreno movedizo en el que nos movemos. Y apostamos desde el principio por intentar surfearlo sin quedarnos embarrancados y utilizar los grandes medios como caja de resonancia para amplificar el mensaje y llegar a todo el mundo. Mirando hacia atrás creemos que la apuesta ha salido bien. Participar de los debates que lideran las audiencias del sábado noche o colaborar semanalmente con la revista *Pronto* a través de un consultorio sobre desahucios ha sido una decisión estratégica acertada. Al menos hasta el momento. El impacto que puede tener una rueda de prensa o un comunicado colgado en la web oficial no se puede comparar con el que se obtiene participando en un programa como, por ejemplo, «El Gran Debate». No sería exagerado afirmar que la batalla política para que aprueben la ILP también la estamos librando en los platós de televisión. Y por lo que dicen todas las encuestas, la estamos ganando.

Las apariciones televisivas en estos programas han sido un altavoz muy potente que ha permitido que el drama de miles de familias se conozca en todo el país. Nos ha dado la oportunidad de dirigirnos a la sociedad y denunciar la vulneración de derechos humanos que se están produciendo en nuestros hogares. Hemos podido informar sobre las propuestas de la PAH y son muchos los afectados que se han dirigido a nuestras asambleas tras habernos escuchado en un debate o habernos leído en alguna revista.

En cualquier caso, la campaña de criminalización e intoxicación contra la plataforma dirigida por el Partido Popular y secundada por determinados medios no ha funcionado. La opinión pública nos conoce desde hace tiempo y tiene una opinión formada sobre la PAH. Ha seguido nuestra trayectoria, se ha familiarizado con nuestras caras y comparte nuestras propuestas. Simpatiza con el movimiento. Sabe que aunque somos de corazón caliente actuamos con la cabeza fría. Se identifica. Se sienten parte. Nunca nos escondemos, respondemos a todas las preguntas y no tenemos miedo a la gente, porque nosotros somos la gente. Los ciudadanos de a pie, las personas corrientes. Y no somos idiotas. La capacidad para manipular tiene un límite. Si algún día el desahucio llama a la puerta, sabemos que las puertas de la PAH se nos abrirán de par en par.

David contra Goliat, porque sí se puede

La sociedad civil ha liderado un debate que ha condicionado la agenda política. Lo que en 2009 era un grito en el desierto hoy es un clamor popular. Hace dos años un auto valiente dictado por la audiencia de Navarra interpretaba la ley de acuerdo a la realidad social abriendo la puerta a la dación en pago, una de las principales demandas de la PAH. En octubre de 2012 la relatora de Naciones Unidas por el derecho a una vivienda, Raquel Rolnik, presentó ante la asamblea general de la ONU un devastador informe donde denunciaba la grave situación habitacional que atraviesa el país; otro informe de la judicatura concluía la necesidad de reformar en profundidad una normativa de 1909 que sobreprotege a los acreedores y deja indefensa a la parte más débil del contrato hipotecario. En noviembre de 2102 el Gobierno de Ecuador demandaba al Estado Español ante el Tribunal de Derechos Humanos de Estrasburgo. En febrero de 2013 el Tribunal de Justicia de la UE dictaminaba que la ley hipotecaria española es ilegal y que vulnera derechos fundamentales.

Los suicidios de Granada, Baracaldo, Córdoba, Calvià o Alicante son tan sólo la punta del iceberg. La gota que colma el vaso. La ciudadanía ve cómo el dinero que se sustrae de sanidad y educación se utiliza para rescatar entidades financieras que desahucian a familias con niños mientras se continúa especulando y acumulando viviendas vacías.

Los dos partidos mayoritarios que hasta la fecha habían bloqueado en el Congreso las demandas de los afectados se han visto obligados a reaccionar. El PSOE, ahora en la oposición, ha manifestado públicamente que apoyará las medidas. Ante el aumento de la presión popular, el Gobierno del PP también se ha visto forzado a mover ficha. Pero ni el decreto de buenas prácticas ni la moratoria de desahucios para casos de extrema vulnerabilidad han servido para atajar el problema. La crítica es unánime. Tampoco es de extrañar, teniendo en cuenta que ambos decretos se han aprobado con el visto bueno de la patronal bancaria. La realidad es que tanto el código de buenas prácticas como la moratoria excluyen la inmensa mayoría de los casos y no modifican una coma del procedimiento actual, que condena a las familias a una deuda de por vida.

La ILP por la dación en pago retroactiva, la paralización de desahucios y el alquiler social se ha colado en el último momento en el Congreso. La campaña para criminalizar a las víctimas de los desahucios se les ha girado en contra. A corto plazo ha servido como cortina de humo. A medio plazo les ha puesto más presión. La ciudadanía mirará con lupa cada paso que den. El mundo entero está expectante por ver la ley que saldrá del Congreso. Por lo pronto, el PP ha anunciado que no aprobará la ILP. Pero si no lo hace en esta ocasión será en la siguiente.

No nos quedaremos de brazos cruzados

Tras más de cuatro años de crisis, la realidad cotidiana de la mayoría de la población es cada día más difícil, pero sería un error que el árbol no nos dejara ver el bosque. Entre la dictadura de los mercados financieros y la defensa de los derechos humanos, la ciudadanía ya ha elegido. Sólo falta que esa elección se refleje en el Congreso de los Diputados y se materialice en ley.

La realidad es que Goliat empieza a tambalearse ante una presión social que no da tregua. La retroactividad de la dación en pago ya no es un tabú. La moratoria de los desahucios era impensable hace apenas un año, e incluso la creación del banco malo abre un contexto de oportunidad para reconvertir el parque de viviendas en manos de los bancos en un parque de alquiler social. La ILP ha servido para crear complicidades y acumular legitimidad. El movimiento se sabe fuerte y articulado.

Si el Gobierno se obstina en desoír a la ciudadanía para plegarse de nuevo a los intereses de las entidades bancarias, se encontrará con que la práctica de la desobediencia civil se extenderá a cada vez más ámbitos. Jueces que paralizan procesos a partir de la sentencia del Tribunal Europeo. Funcionarios de los juzgados que se interesan por la objeción de conciencia. Municipios rebeldes como Carmona, Montoro, Basauri, Etxebarri, Alaquàs y tantos otros, que se niegan a enviar a la policía local para que desaloje familias, e incluso, como Alzira, que expropian los pisos que acumulan los bancos para alquilarlos a las familias. Cerrajeros navarros que se niegan a abrir y cambiar la cerradura de las puertas amenazadas de desahucio. Bomberos gallegos, valencianos, madrileños y catalanes que ya han dicho que no participarán en los desalojos. E incluso algún sindicato de policía ha ofrecido asistencia a aquellos agentes que no quieran resignarse a ser el brazo ejecutor de una ley indigna e ilegal.

La PAH, con el incuestionable apoyo del 15-M, ha conseguido lo más difícil: articular unas demandas en las que se reconoce el 90 por ciento de la población y mostrar al rey desnudo. Hemos cambiado la lógica y el miedo está de su lado. Tenemos a Goliat contra las cuerdas, con síntomas de fatiga. No le dejemos respirar.